デジタル社会の
マーケティング

廣田章光・大内秀二郎・玉置 了

[編著]

Digital Marketing

Hirota Akimitsu / Ouchi Shigiro / Tamaki Satoru

中央経済社

まえがき

　本書は，マーケティングをこれから学ぼうとする学生や実務家に向けて，今日のデジタル社会におけるマーケティングを解説するものである。著者らがそれぞれの研究関心をもとに，2019年現在，少し先のデジタル社会を考える上で注目すべきと考える重要なトピックを事例として取り上げ，各章は執筆されている。

　インターネットの本格的な普及が始まったのは1990年代後半であり，この約20年間のインターネットの成長はめざましいものであった。当時は，文字が主体のサイトばかりであり，さらに一枚の画像を表示するのにも劇場の幕が降りるようなスピードで表示されるのを待たねばならなかった。さらに3分ごとに10円の通信料がかかるなど，とても生活に密着したメディアとは言えない存在であった。しかし今や我々の生活は常にインターネットにつながっており，昼夜問わず情報が飛び込んで来るようになった。画像はもちろん動画による表現は当然となり，webサイトやメールだけでなく，SNSやメッセンジャーなど組織や個人がコミュニケーションをとる手段も豊富に用意されている。さらに，このような今日におけるマーケティングの展開はいまやインターネットだけで語ることはできない。スマートフォンやビッグデータ，機械学習などをはじめとする多様なデバイスやデータ，技術が複雑に重なり合ってSTPやマーケティングミックス（4P）をはじめとするマーケティングのあらゆる側面に影響している。また新たなマーケティングのフィールドや人々の消費，コミュニケーションも生まれている。本書は，このような意味での「デジタル社会」におけるマーケティングを学ぶための手がかりとして企画されたものである。

　インターネットをはじめとする情報技術とマーケティングに関する書籍は既に数多く出版されている。その中で，本書は大学においてマーケティングの教育に携わる著者らが，マーケティングの理論や概念を体系的に学びつつ，今日のデジタル社会とマーケティングの展開を，事例を通じて学べることを意識し

て編集された。本書を眺めていただくと，最新のデジタル社会におけるマーケティングを論じたものであるが，そのベースにはインターネットの普及以前からある理論的な枠組みや概念もベースに記述されていることがわかるであろう。

　つまり，本書はデジタル社会とマーケティングについて，マーケティングの理論や概念の延長線上に位置づけて理解するという点を心がけて執筆されたという点に第1の特徴がある。すなわち，本書は，マーケティング論の基礎知識をひと通り学んだ上で，その現代的な展開を学ぶためのテキストとしての活用を期待している。

　読者の皆さんには，自身が学んだマーケティングの基礎的な知識をもとに，今日のデジタル社会のマーケティングは，それまでのマーケティングと比べて何が違うのか，またその違いはなぜ生まれたのか，一方でデジタル社会と言えども，どのような部分では同じなのかということを考えながら読み進めてもらいたい。本書の第2の特徴として，各章はそれぞれのテーマに関して，事例の記述を中心に構成されているという点がある。また各事例は，マーケティングの知識が少なくとも理解できるようわかりやすく記述することを心がけた。本書の多くの読者にとってインターネットは物心つく前，あるいは生まれる前からそこにある存在であろう。デジタル技術に馴染みのある読者にとっては，親しみのある事例を起点にマーケティングの基礎的な枠組みや理論を学ぶ入り口として活用されることも期待している。デジタル社会のマーケティングのテキストを意図した本書であるが，マーケティング論の基礎的な理論や枠組みについては紙幅の都合もあり充分な説明ができていない。別途マーケティングの入門的な書籍とともに本書を読み進めることをおすすめする。さらに，各章の内容に興味を持たれた読者に対しては，章末に「さらに深く学びたい人へ」としていくつかの文献を示したので積極的に活用してもらいたい。

本書の構成

　本書は，序章と第Ⅰ部（第1～8章）・第Ⅱ部（第9～13章）から構成されている。

　序章では，本書全体の議論の前提として，デジタル社会におけるマーケティングとそれ以前のマーケティングとの異同を検討する。デジタル社会の到来とともに消費者の行動は大きく変化し，それに呼応してマーケティングもまた変革を迫られている。ただし，ここでいう変革とは，過去をすべて否定して新しいものに置き換えることではない。デジタル社会において要請されるマーケティングとは，伝統的マーケティングと新たに台頭したデジタルマーケティングとが接合されて一体となったマーケティングである。

　第Ⅰ部「デジタル化がもたらす消費者行動とマーケティングの変化」は，マーケティング諸活動や消費者の行動，さらには卸売・小売も含む流通過程が，デジタル社会においてどう変化するかを考えるためにまとめられている。

　第1章では，マザーハウスの「ZADAN」の仕組みを事例として，共創型という新たな製品開発のあり方について考える。共創型の開発過程では，企業と顧客はオフラインとオンラインの双方で交流を重ね，これまで誰も取り組んだことのない市場への挑戦，つまり，新たなニーズを発見するとともにそれを充足する方法を見出すことを可能にする。

　第2章では，価格設定の方法や消費のありようの変化について考える。デジタル社会においては，製品の利用程度に合わせて価格が設定され，消費者も購買・所有を前提とせずに行動するケースがある。新たなビジネスモデルの台頭は，消費者の意識に変化をもたらし，企業に対して新たな課題を提示している。

　第3章は，リンナイの事例をもとに，企業がオンラインでのコミュニケーションを通じて顧客理解を深め，そこから得た知見をオフラインをも含む新たなコミュニケーションへと展開する過程を描く。とりわけ，多様なデータの裏に潜む中長期的な特性としての顧客の価値観に着目している点が注目される。

　第4章では，消費者のコミュニケーション行動の変化について検討する。スマートフォンとSNSの普及により，それまでの関心を共有する人々によるコミュニティ型のコミュニケーションは，誰もが自由に情報を交換するタイムライン型へと変化した。これによりネットコミュニケーションがますます活性化する一方で，誤情報の拡散や消費者相互の攻撃といった新たな問題も生じている。

　第5章では，ヤッホーブルーイングの事例から，ファンを創造して活用する

ための方法とその意義を論じる。顧客をファンとして育成するためには，エンゲージメントの度合いに応じてオンライン・オフライン双方から働きかける必要がある。こうして創造された熱狂的なファンは，推奨行動を通じて新たな顧客の獲得をもたらす。

第6章では，ボランタリーチェーンのコスモス・ベリーズが，チェーン本部として加盟店をサポートするのに加え，加盟店の枠を越えて広く"ローカルプラットフォーム"を構築し，生活者の多様な"お困りごと"の解決を図ることが説明される。このビジネスモデルにとって，ふれあいPadに代表されるデジタル機器と情報システムは不可欠である。

第7章では，Target, Amazonなど小売業による顧客情報の活用を取り上げる。デジタル社会においては，顧客をマス（かたまり）としてではなく個として捉えることが可能になり，一人ひとりに合わせたマーケティングを実施することが肝要になる。この傾向が最も顕著な業界の一つが小売業である。

第8章では，中国における電子商取引の現状を概観した上で，いわゆる「新小売」の展開について述べる。中国は世界で最も電子商取引の発達した国の一つであり，アリババやテンセントといった中国のIT企業は，実店舗小売業を取り込みながら，オンラインとオフラインを融合した新たな小売ビジネスを展開している。

つづく第II部「デジタル化がもたらす新たなマーケティングの可能性」は，デジタルマーケティングが観光，サービス，教育，社会的課題，資金調達など多様な側面に影響を及ぼしているという位置づけでまとめられている。

第9章では，観光口コミサイトのトリップアドバイザーの事例から，デジタル社会におけるプラットフォーム・ビジネスの意義を考える。プラットフォームの運営企業は，多くの他者（顧客，企業）のプラットフォームへの参加を促し，プラットフォームの価値を高めることに成功している。トリップアドバイザーは，まさにその典型である。

第10章では，RIZAPによるリレーションシップ・マーケティングの実態が説明される。トレーニング期間中のみならず，入会前からトレーニング期間終了後にいたるまで，RIZAPは常に顧客とのインタラクションを図り，長期的な関係性を構築している。AIやIoTなど各種デジタル技術はこの仕組みの基盤

である。

　第11章では，近畿大学を事例として，各種メディアを巧みに組み合わせて活用しながら社会に情報を発信するという，デジタル社会におけるコミュニケーション戦略の新たなかたちが提示されている。とりわけ注目されるのは，Kindai Picksに代表されるオウンド・メディアの活用とコンテンツ・デザインである。

　第12章では，「注文をまちがえる料理店」の事例を通じて，デジタル社会における問題解決のあり方を考える。認知症の人々をどのように社会が受け入れるべきかといったような社会問題を解決するには，問題を社会と広く共有し，さらには解決の手がかりを提示することが有効である。デジタル社会における情報のプラットフォームは，社会問題の「シェアリング・イシュー」化を促進する。

　第13章では，クラウドファンディングのREADYFORが取りあげられる。クラウドファンディングは，デジタル社会における新たな資金調達の方法の一つとして注目されるが，オンラインで全てが完結するわけでは決してない。最初のファンを創ることにおいても，またオンラインに接点を持たない人々との接点を構築することにおいても，オフラインの役割は重要である。

　技術の進歩はめざましく，本書で取り上げた先端的な事例も数年後には一般的な現象となり，やがては時代遅れの事例となるであろう。しかし，以上のような特徴をもつ本書は，新しさとしては色褪せた時代が訪れたとしても，2020年前後のデジタル社会のマーケティングを知るための資料として意義あるものになると自負している。本書が，時代を通じてマーケティングを考える手がかりとして活用されることを願うばかりである。

2019年9月

　　　　　　　　　執筆者を代表して
　　　　　　　　　廣田章光，大内秀二郎，玉置了

目　次

第 I 部　デジタル化がもたらす消費者行動とマーケティングの変化

第 1 章　デジタル社会の製品開発：マザーハウスの「ZADAN」の仕組みと共創型開発　14

第4章 デジタル社会の消費者間コミュニケーション： スマートフォンやSNSによるコミュニケーションの 変化 51

第5章 デジタル社会のファンマーケティング： ヤッホーブルーイングのファン創造 63

第6章　デジタル社会の流通：　コスモス・ベリーズの生活プラットフォーム創造　78

第Ⅱ部　デジタル化がもたらす 新たなマーケティングの可能性

第9章　デジタル社会の観光マーケティング： トリップアドバイザーの口コミプラットフォーム　120

第12章　デジタル社会の社会問題解決：「注文をまちがえる料理店」の共感と発信によるシェアリング・イシュー　165

第13章 デジタル社会の資金調達： READYFORのクラウドファンディングの仕組みと グロースハッカーの役割 180

序_章

伝統的マーケティングと
デジタル社会のマーケティング

1　はじめに

　本書のベースにあるのは，コトラー，カルタジャヤ，セティアワン（2010,
2017）のマーケティング3.0およびマーケティング4.0である。序章に続く各章
の理解を助けるため，まずは，マーケティング3.0，マーケティング4.0に至っ
た経緯を確認する。

2　伝統的マーケティングの基本構造

2.1　マーケティング1.0：製品中心のマーケティング

　マーケティングという言葉に，人々は様々なイメージをもつだろう。ある人
は販売促進を思い浮かべ，ある人はブランドを思い浮かべる。マーケティング
に対するイメージが異なるのは，時代的な背景とともにマーケティングがその
様相を変貌させてきたからである。1950年代，60年代は基本的な需要がまだ充
足されていない時代であった。この時代はモノを作れば売れた。今ある市場に
対して，何をどのように売るのかが主たる課題であった。したがって，この時
代のマーケティングはいたって戦術的であった。マッカーシーによって4Pが
唱えられたのは，この時代である。何を（製品Product, 価格Price）どのよう
に（販売促進Promotion, 販売経路Place）である。この時代のことをコトラー
は，マーケティング1.0と名付けた。つまり，マーケティング1.0とは，生産し

た製品を売る「製品中心のマーケティング」である。

2.2 マーケティング2.0：消費者志向のマーケティング

　70年代，80年代に入ってくると，様相が異なってくる。基本的な需要はほぼ充足された。今までどおりのやり方ではモノが売れなくなった。ましてや73年，79年のオイルショックとともに，市場の不確実性が劇的に増した。変化の時代の到来である。この時代には，今ある市場に何をどのように売るのかというよりも，市場そのものを探してくることが課題になった。そして，消費者の嗜好を理解し，消費者のタイプ別にマーケティングを変化させることが必要になった。そこで，マーケティング2.0が登場する。マーケティング2.0とは，「消費者志向のマーケティング」である。コトラー（1983）の戦略的マーケティングは，マーケティング2.0に対応している。

2.3 市場機会分析

　コトラーの戦略的マーケティングは，市場機会分析→市場細分化（Segmentation）→標的市場の設定（Targeting）→製品ポジショニング（Positioning）の4つのプロセスから成り立っている。市場機会分析とは，一言で言うと，自社がどのような事業に従事したらよいのかを決めていくプロセスである。製品-市場拡大化マトリクスというツールが用いられる（図表 序-1）。
　縦軸にニーズで代表される市場を置き，横軸に技術で代表される製品を置く。ニーズも技術も並べるものは多ければ多いほどよい。ある市場（ニーズ）にある製品（技術）で奉仕する機会，それがマーケティング機会，つまり事業である。したがって，マトリクスの各セル（マス目）はマーケティング機会すなわち事業を表している。現在奉仕している市場のニーズを現在の技術とは違う技術で充足すれば，どのような事業が生まれてくるのだろうか。こういう観点から横方向の機会の探索が行われる。たとえばS社は，時を知りたいニーズを精密機械系の技術で充足する事業に従事していた。機械時計事業である。しかしながらS社は，時を知りたいニーズを電子系の技術（半導体，液晶，クオーツなど）で充足すればどのような事業が生まれてくるのかを考えた。それが，現在の主力事業の電子時計事業である。このような横方向の機会の探索は，現在

図表 序-1　製品-市場拡大化マトリクスの例

市場（ニーズ）　製品（技術）	精密機械	電子（半導体，液晶）	化学
時を知りたい	機械時計事業 ——→	電子時計事業	
印字したい		プリンタ事業	
情報処理したい		パソコン事業	
文字を知りたい		電子辞書事業	
映像を映したい		プロジェクタ事業	

注：図表は架空
出所：筆者作成

　の市場を押さえていることに起因する強み（顧客に関する知識，顧客から得ている信用・名声，販売経路など）を活かすことができるだけに，自社が成功しそうな機会の発見に繋がりやすい。一方，現在の事業分野で培った技術を，これまでとは違うニーズを充足するのに用いるとすればどのような事業が生まれてくるのかを考えることによって，縦方向の機会の探索が行われる。たとえばこの企業は，企業グループ全体として現在の事業分野で電子系の技術（半導体や液晶など）に蓄積がある。それを印字したいニーズを充足することに使えば，プリンタ事業が生まれてくるし，映像を映し出したいニーズを充足することに使えば，プロジェクタ事業が生まれてくる。こうした縦方向の機会の探索もまた，現在の製品を押さえていることに起因する強み（要素技術，生産技術，品質管理技術，生産設備など）を活かすことができるだけに，成功しそうな機会の発見に繋がりやすいのである。こうして集められた事業の候補は，市場そのものがどれほど魅力的であるのか（市場の魅力度，たとえば成長性，規模，競争の少なさなど），そこに参入した場合に自社が勝てるのか（事業の強さ，たとえば相対的市場シェア，自社他社の技術力，自社他社のマーケティング力など）という観点から絞り込みが行われる。

2.4　市場細分化と標的市場

　ただ，こうして自社が従事すべきマーケティング機会が選択されたとしても，それだけではあまりにも漠然としている。既存の事業分野で蓄電池やモー

ターといった要素技術に蓄積のある総合家電メーカーを架空の例に考えてみ
よう。この企業は，市場機会分析の結果，新たにこうした技術で，移動したい
ニーズを充足することを考えるかもしれない。電気自動車事業である。市場に
成長性があり，この企業にそこに参入しても勝てるだけの技術的蓄積があるの
ならば，この機会が選ばれる可能性は十分にある。だがそこには，多種多様な
ニーズウォンツをもった人々がいる。テスラの最高車種の顧客と，中国の農道
を走る簡易な電気自動車の顧客をイメージするだけでも，この市場にいる顧客
の多様性がわかる。この人たちを十把一絡げに同じ市場と見なすことはできな
い。そこで，市場細分化が必要になる。市場細分化とは，全体としての市場を
より小規模ではあるが，より同質的な市場に区分することを言う。そのうえで，
自社が標的とする細分市場を絞りこむのである。重要な市場細分化変数（市場
を区分する基準になる変数）を２つ組み合わせることによって，マトリクスが
作られる。電気自動車に対する消費者のニーズウォンツや購買行動の違いを説
明する変数として，年齢と所得（ここでは理解を簡単にするために，それぞれ
高低の２つに区分されている）が重要であるならば，図表 序-2のようなマト
リクスができる。

　マトリクスの各セルが細分市場である。年齢が高い（低い）グループは，年
齢が高い（低い）がゆえに，共通する生活様式をもち，そのうえに共通する
ニーズウォンツをもっている。同様に，所得が高い（低い）グループは，所得
が高い（低い）がゆえに，共通する生活様式をもち，そのうえに共通するニー

図表 序-2 市場細分化の例

所　得

		高	低
年齢	高	成功者 ↓ ステイタス	庶民 ↓ 経済性と実用性
	低	青年資産家 ↓ ラグジュアリー感	普通の青年 ↓ 経済性とスポーツ性

注：図表は架空
出所：筆者作成

ズウォンツをもっている。それゆえ，年齢帯を同じくすると同時に所得帯を同じくするグループは，なおさら同質的な生活様式とニーズウォンツをもっていると考えられるのである。細分市場が作られると，該当する顧客との対話をとおして，それぞれの細分市場を代表するユーザー像（ペルソナ）が作られる。その結果，年齢が高く所得の高いグループは「成功者」，年齢が高く所得の低いグループは「庶民」，年齢が低く所得の低いグループは「普通の青年」，年齢が低く所得の高いグループは「青年資産家」とされるかもしれない。そして，それぞれの細分市場の電気自動車に対するニーズウォンツが措定される。「成功者」はステイタス，「庶民」は経済性と実用性，「普通の青年」は経済性とスポーツ性，「青年資産家」はラグジュアリー感といった具合である。当然，それぞれの細分市場のニーズウォンツを充足できる提供物は大きく異なる。ここでも市場の魅力度と事業の強さに基づいて細分市場の絞り込みが行われる。たとえば，富の一極集中化や少子高齢化に伴い「庶民」市場が今後急速に成長することが予測されるとしよう。また，経済性や実用性を実現するうえで企業に独自の強みがあるとしよう。その場合には，「庶民」市場が，自社がエフォートを注ぐべき細分市場として選ばれるかもしれない。これが標的市場である。

2.5　ポジショニングと競合

　ただ，標的市場の中には，競争者が存在する。α 社の廉価版や，β 社の製品がそれに該当するかもしれない。そこでこれらの競合製品との位置関係を明確にする必要がでてくる。製品を購入する際に，顧客が最も重視する製品属性を2つ選び，これらを次元（連続線）として交差させることによって，製品空間図が作られる。たとえば，この細分市場の顧客が電気自動車を購入する際に，最も重視している製品属性が価格と航続距離であるとしよう。この場合に作られる製品空間図は，図表 序-3 のようなものになる。

図表 序-3 製品空間図

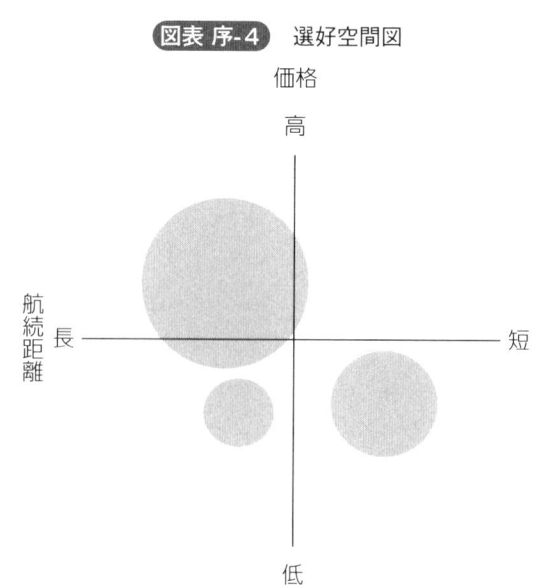

図表 序-4 選好空間図

注：図表は架空
出所：筆者作成

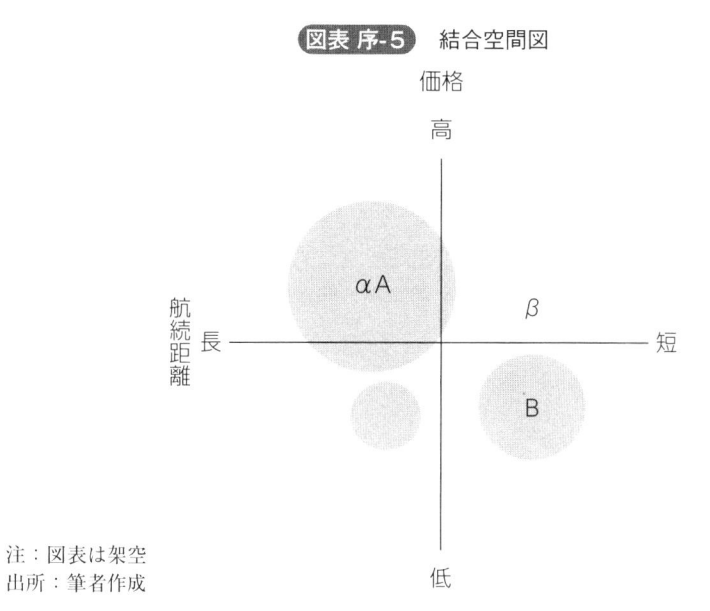

図表 序-5　結合空間図

注：図表は架空
出所：筆者作成

　図表 序-3には，α社製品とβ社製品の顧客に認知されている位置が示されており，それぞれの売上高が円によって示されている。一方，顧客の選好の分布は，選好空間図（図表 序-4）のようであるかもしれない。両者を重ね合わせると結合空間図（図表 序-5）ができる。

　この図によると，β社製品は需要から少しずれた位置にいるが，α社製品は需要のある位置にいることがわかる。一方，図の右下には，どの企業も手を着けていない選好の分布がある。この場合，この企業が取り得る戦略は2つである。α社製品と同じ位置（A点）に位置づけるか，それとも誰も手をつけていないB点に位置づけるかである。もしもA点を取り巻く需要が2社以上の参入を許すほどに大きく，この企業が製品をこれらの属性以外の点で差別化できるのならば，A点でも成功できるかもしれない。ただα社製品には先発の優位があることは否めない。一方，B点には，低価格の製品を実現することに技術的な課題があるかもしれない。しかし，この企業に比較的航続距離の短い車載用蓄電池を大量に外販している実績があり，規模の経済性と経験曲線効果を得て

いるとするならば，技術的課題の克服は可能であるかもしれない。また，こうした技術的課題の克服が，この企業にしかできないものならば，追随的参入の可能性は低いかもしれない。さらにこの企業が，自社の家電との連携性を打ち出すことができるならば（たとえば，冷蔵庫の足りない食材とお薦めの買い物を教えてくれる），そこにおける強みを一層確かなものにできるかもしれない。かくしてB点が自社のポジションとして選択されるかもしれない。重要なことは，このポジションがすべてのマーケティングプログラムの起点になるということである。つまり，4P，すなわち何を（製品，価格）どのように（販売促進，販売経路）提供するかは，すべてB点を起点にして考えられるのである。

2.6　マインドからハートへ

こうしたマーケティング2.0の登場により，マーケティングはより分析的で，科学的なものになった。

その後90年代から2000年代にかけて，ブランド管理の時代に入る。インターネットの登場により消費者は情報を入手できるようになった。マインド（思考や分析）に訴えるもの（いいかえるとニーズを充足する機能）を提供するだけでは消費者は十分な対価を払わなくなった。そこで，ハート（感情）に訴えることがより重要になってきた。ただ，ブランド管理も基本的にはマーケティング2.0の枠組みの中で行われた。

3　デジタル時代の到来

3.1　デジタル社会とマーケティング3.0

だが2000年代半ばになると大きな変化が起こる。SNSの登場である。SNSの登場により，消費者は横に繋がるようになった。と同時に，自己表現をするようになった。それまでは，マーケティングの主体は企業であった。企業が参入する事業分野を選び，市場を区分し，標的市場を決め，ポジショニングをして，企業が選んだ消費者に製品をあてがっていた。しかし，SNSが登場して以降は，消費者が主体になる可能性が出てきた。コトラーたちは，未来社会では，消費者は，自分たちだけのコミュニティに集い，自分たちだけの製品や経験価

値を共創し，コミュニティの外には，称賛に値するキャラクターをもつ人物を探すときにしか目を向けなくなると予測した。このような状況では，企業の立場は，消費者に対して従である。企業は，自らが細分化し，標的と定めた市場を相手にしてやるのではなく，顧客コミュニティに自分をコミュニティの一員として受入れてもらえないだろうかと承認を求めるのである。この場合，ブランドはコミュニティの中におけるキャラクターのようなものになる。そして，製品はコミュニティのメンバーとともに共創（Co-creation）される。価格も，企業が押しつけるのではなく，コミュニティ内の需要に応じて変動する通貨（Currency）のようになる。また，販売促進はコミュニティ内の会話（Conversation）に代わり，販売経路をとおしての販売はコミュニティ内での共有（Communal activation）に代わる。すなわち，4Cである。

　このような消費者主体の世界観のもとでは，消費者が何を求めるかが極めて重要になる。この点に関して，コトラーたちは，SNSが消費者により高次の欲求をもつようになることを促すと想定している。まず第1に人々は参加を求めるようになる。第2に技術の進歩が促したグローバル化が一方において社会に歪みをもたらすが，その進展の中で，人々はかえってローカルな共同体への一体化を強めるようになり，問題意識と，この世界をより良い場所にしたいという目的意識をもつようになる。そのため，貧困・不公正・環境の持続性・地域社会への責任・健康などの社会的課題に対する意識と関心が高まる。第3に自己表現と創造の術を得た人々は，自己実現や精神的な豊かさを求めるようになる。

　こうして，コトラーたちは，参加意識に答えるマーケティング（協働マーケティング），社会の中の社会的・経済的・環境的課題に対処するマーケティング（文化マーケティング），精神に訴えるマーケティング（スピリチュアルマーケティング）を行い得た企業が消費者に支持されるようになると考えた。

　すなわち，マーケティング3.0とは，世界をより良い場所にするマーケティングなのである。この「より良い場所にする」という意味は単に世界を「便利にする」という意味ではない。「便利にする」という意味では，これまでのイノベーションも世界をより良い場所にしてきた。ここに言う「より良い場所にする」とは，人々が不安に思っている社会的な課題を解決するという意味なの

である。そして，こうした課題解決の一助になり得た場合に，人々は精神に感
動を得ることができると考えられているのである。

3.2　デジタル社会の罠

　コトラーのマーケティング2.0が分析的で科学的であったのに対し，コトラー
たちのマーケティング3.0は理想主義的かつ理念的である。コトラーたちのマー
ケティング3.0に対する1つの批判は，人間はそんなにきれいなのかというこ
とである。コトラーたちはマズローの欲求ピラミッドを逆さまに置いて，自己
実現欲求が人間の根本的欲求であって，そこからすべてが始まるとしている。

　しかし，消費者の行動は，つねに「思いやり」に基づいているのであろうか。
その答えは，社会的課題を解決してくれるが，（価格を含め）必ずしも自分の
欲望を的確に満たしてはくれないものと，社会的課題の解決には遠いが，自分
の欲望を的確に満たしてくれるものの2つが並べられたときに前者を選択する
消費者がどれほどいるのかにある。

　そしてもう1つの問題は，オンラインの世界が持つ罠に十分な配慮がなされ
ていないことにある。たとえばコトラーたちは，人々は企業の広告よりもネッ
トの推奨を信じるとしている。しかし，推奨がもたらすものは何なのだろうか。

　推奨は，選択の幅を狭めることに繋がる。人々は推奨された場所に集中して
行き，推奨されたものを集中して買い，それ以外のものには見向きもしない。
誰もが同じような行動をとり，勝者総取りになりやすい。しかも，推奨された
ものは必ずしも良いものとは限らない。良いという根拠はどこにもない。コト
ラーたちは，マーケティング3.0では，主にオンラインの世界を見ている。そ
して，オンラインの世界を理想的な世界として描いている。しかし，オンライ
ンの世界には罠がある。

3.3　マーケティング4.0：伝統的マーケティングとデジタルマーケティング

　こうした問題を反映してか，コトラーたちのマーケティング4.0は，SNSの
時代を前提としながらも，より実践的なものになっている。すなわち，コト
ラーたちのマーケティング4.0とは，企業と顧客のオンライン交流とオフライ
ン交流を一体化させるマーケティングアプローチである（図表 序-6）。SNS時

代を象徴しているのは，独自なカスタマージャーニー（購買までに至る消費者の心の旅）概念5A（認知Aware，訴求Appeal，調査Ask，行動Action，推奨Advocate）である。コトラーたちの5Aは，調査と推奨が登場する点で，これまでのカスタマージャーニー概念（AIDAやAIDMA）と大きく異なっている。

　SNSが登場してからの大きな変化は，言うまでもなく消費者が横に繋がっているということである。調査と推奨は，消費者が横に繋がっていることを前提としている。

　コトラーたちのマーケティング4.0の重要な点は，カスタマージャーニーの前の段階（とりわけ，認知，訴求の段階）では，伝統的マーケティング（マー

図表 序-6　伝統的マーケティングとデジタルマーケティング

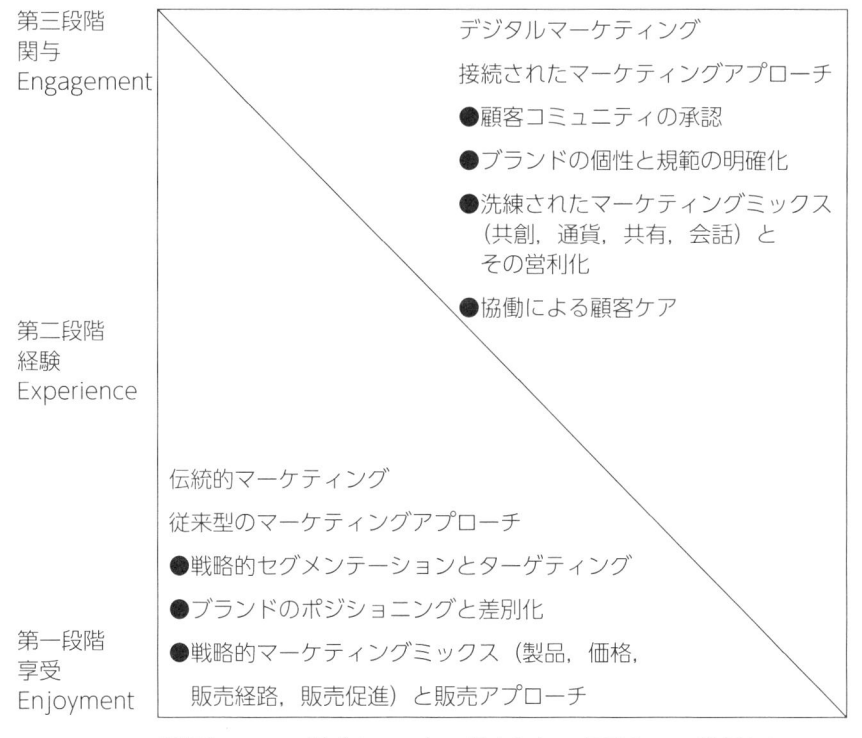

第三段階
関与
Engagement

デジタルマーケティング

接続されたマーケティングアプローチ

● 顧客コミュニティの承認

● ブランドの個性と規範の明確化

● 洗練されたマーケティングミックス
　（共創，通貨，共有，会話）と
　その営利化

● 協働による顧客ケア

第二段階
経験
Experience

伝統的マーケティング

従来型のマーケティングアプローチ

● 戦略的セグメンテーションとターゲティング

● ブランドのポジショニングと差別化

● 戦略的マーケティングミックス（製品，価格，
　販売経路，販売促進）と販売アプローチ

第一段階
享受
Enjoyment

認知Aware　　訴求Appeal　　調査Ask　　行動Act　　推奨Advocate

注：一部訳語を変更している。
出所：コトラー，カルタジャヤ，セティアワン（2017），p.86

ケティング2.0）の果たす役割が大きいということである。一方，デジタルマーケティングは，カスタマージャーニーの後半の段階（とりわけ，調査，行動，推奨の段階）になって大きな役割を果たすようになる。オンラインの世界は，理想の世界ではない。とりわけ問題なのは，オンラインの世界では人々が多数派の意見に振り回されるということである。しかも，その意見に確たる根拠があるわけではない。企業はネットに身を委ねるだけではいけない。企業は，企業として声をあげねばならない。そのために，伝統的マーケティングでSTPを行い，４Ｐを策定し，効果的に消費者に訴求しなければならないのである。そして，ここにおけるその訴求が，その後のカスタマージャーニーの後の段階におけるデジタルマーケティングに生きてくる。訴求が効果的であれば，顧客コミュニティの承認も得やすいであろうし，ブランドのキャラクターも受け止めてもらいやすいであろう。また，伝統的マーケティングにおける４Ｐは，デジタルマーケティングにおける４Ｃの第一歩になるであろう。そして，伝統的マーケティングとデジタルマーケティングとの接合がうまくいくならば，より多くの顧客に選択してもらえ，推奨をもらえることになる。そして，その推奨が，さらなる認知や訴求や調査を促す。この場合の推奨は，ネット民たちの無軌道な会話だけによって形成されるものではない。企業の働きかけに対する反響「ワオ！」と，企業と消費者との協働によるその後のケアの結果なのである。

　要は，ネットを使いこなすのである。

4　おわりに

　さて，デジタル社会のマーケティングは現下においてどのような展開を見せているのであろうか。以上のことを念頭に置いて本書を読み進んでいただけると幸いである。

デジタル化がもたらす消費者行動と
マーケティングの変化

第1章

デジタル社会の製品開発：
マザーハウスの「ZADAN」の仕組みと共創型開発

1　はじめに

　一般的に，世の中で販売される製品，サービスは企業が開発する。そして顧客は企業が開発した製品，サービスを購入，使用する。このように企業と顧客の役割は理解されてきた。しかし近年，顧客が開発プロセスに参加する開発形態が生まれてきている。このような開発形態は顧客参加型開発，企業と顧客の共創型開発と呼ばれている。本章ではこのような開発形態をまとめて共創型開発と呼ぶ。一般的な開発形態では，企業は顧客のニーズをリサーチによって把握し，把握したニーズを解決する製品を開発する。しかしリサーチによって必ずしもニーズが把握できるとは限らない。顧客も認識していないニーズや表現できないニーズも存在するからである。そのようなニーズに対する開発形態として共創型開発は位置づけられる。しかし顧客も認識していないニーズや表現できないニーズを創造することは容易ではない。

　さらにそのようなニーズは事業として成立する規模の顧客（市場規模）が存在するか明らかではない。従来とは異なるニーズを創造し，ニーズを解決する製品やサービスを開発できたとしても，一定以上の市場規模が事業としては必要となる。

　このような問題を解決するためには何らかの仕組みが必要となる。

　そこで本章では，共創型開発における仕組みとデジタルの活用について学ぶ。

2　マザーハウス

2.1　「途上国から世界に通用するブランドをつくる」

　株式会社マザーハウス（以下，マザーハウス）は，「途上国から世界に通用するブランドをつくる」を理念に事業を展開する企業である。代表取締役社長の山口絵理子氏がバングラデシュの主要産品であるジュートを素材にしたバッグを開発した。そのバッグをバングラデシュで生産し，日本での販売を試みた。

　大学院時代に当時世界最貧国だったバングラデシュの実状を知り，高付加価値の産業を実現することによってバングラデシュが抱える課題を，持続的に解決するためマザーハウスを創業した。2006年のことである。バングラデシュにはアパレル，フットウェア，バッグなどの生産工場が多く存在する。しかしその多くは先進国のブランド製品を低コストで生産するための役割として位置づけられている。

　山口氏によると，途上国が目指す方向は大きく2つあると言う。1つは，低価格低品質大量生産の拠点。もう1つは，伝統技術を使いハンドメイドで少量

図表 1-1　yozora 2 Way Bag

出所：マザーハウス

生産を続ける。しかし山口氏は，さらに第3の方向があると考える。それが「かわいいものを，現場で現地の職人と現地の素材で作る」（マザーハウスKeep Walking 山口絵理子の日々思うこと。2017年9月13日より）である。言い換えれば高付加価値の製品を，現地の素材と技術を活かして開発，生産することである。マザーハウスの創業の意義は途上国が目指す第3の方向を実現することを通じて，途上国の発展を持続的に実現することにある。

2.2　バッグを使いたくても使えない人々の存在を知る

　キャンサー・ソリューションズ株式会社（以下，キャンサー・ソリューションズ）は，文字通り，癌を経験した人々が抱えるさまざまな課題を解決することを事業とする企業である。「医療と社会，生活を近づける」を目指した活動を行っている。代表の桜井なおみ氏はじめスタッフの多くは乳癌を経験した方々である。東京大学医療政策人材育成講座4期生であった桜井班が中心となり2008年から事業をスタートした。同社は，「がん経験者を対象とした調査や企業へのコンサルティング」，「がん経験者のニーズや知見の情報発信」，「がん経験者の復職・就労支援」の3つを事業領域として活動している。そして同社の特徴は，代表取締役社長の桜井なおみ氏はじめ社員10名のうち9名が癌を経験していることにある。

　癌を経験した人々が抱える問題の第1は収入，そして第2は温泉に入ることだという。第1の問題は癌を経験すると今までの仕事や職場を継続することが難しくなる場合が存在することによる。しかし全ての癌の経験が同じ問題になるかと言えばそうではない。例えば乳癌の経験者が抱える問題の中にバッグに関する項目があった（図表1-2）。マザーハウス副社長の山崎大祐氏は，桜井氏との対談でそのことを知る。乳癌経験者が抱える問題の1つがバッグである理由はこうだった。乳癌の手術をうけたあとは，指がしびれて力がはいらない。そのためファスナーを開閉することに苦労する。手術跡にストラップがあたると痛い。そうなるとバッグを持つこともできない。すると外出することも億劫になる。そのため外出頻度は少なくなりがちになってしまう。手術などで塞ぎがちな気分を少しでも晴らそうとする外出機会も，バッグが要因で少なくなってしまう。乳癌の手術をうけた人々でなければわからない問題だった。

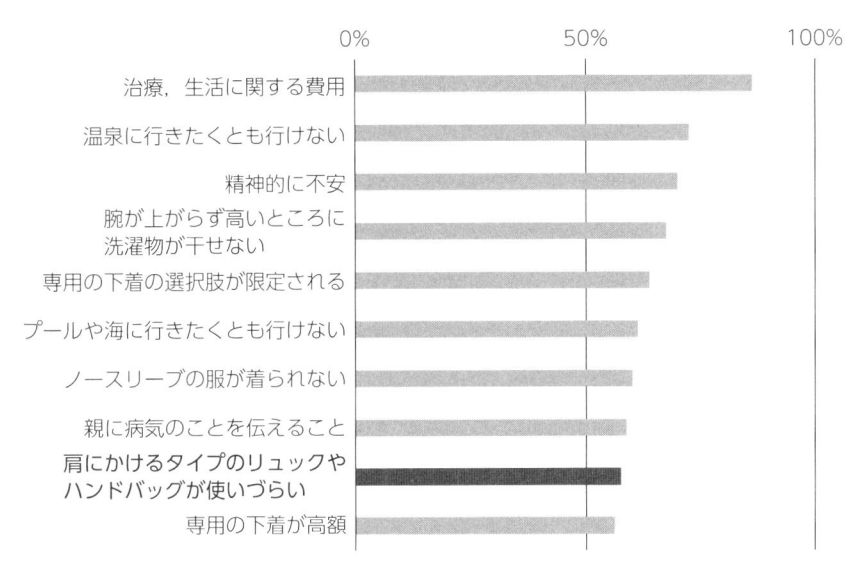

図表1-2　乳癌を体験した方の，非常に辛かった／困った体験

項目を選択した人の比率
全52項目に対する選択上位10項目n=400

出所：一般社団法人CSRプロジェクト　https://workingsurvivors.org/report.htmlをもとに
筆者作成

　山崎氏は，桜井氏の話を聞いて，バッグを使いたくても使えない人がいることを知る。そしてその人々の問題を解決するため，桜井氏と連携しバック開発に取り組むことになる。

2.3　第1回ミーティング：乳癌を経験した人々と出会う

　製品の開発は合計4回のミーティングを通じて行われた。全てのミーティングには乳癌を経験した人々が参加している。

　乳癌を経験した人々が使いやすいバッグの開発を決めたものの，乳癌を経験した人々がどのような状態にあり，どのようなバッグを求めているかがわからない。そこで桜井氏と乳癌経験者の2名を，マザーハウスの店舗に招き，マザーハウスのバッグを実際に確認，使いながら意見交換する場を設定した。自

身が経験したことがない経験を持つ人々を理解することは容易ではない。そのため，実際に関連する製品や使用する環境で話を聞くことは，正しい理解とともに理解を深めることにつながる。そこで第1回のミーティングでは，桜井氏と桜井氏の知人2名の合計3名とミーティングを行った。

　桜井氏らはバッグを手に取ってみた。軽くて，使いやすくファッショナブル。むしろこのような一般の人々が使っているバッグを使えるようにして欲しい。桜井氏からの要望だった。そのバッグが「ソラモヨウ」と言う名前のバッグだった。この要望をきっかけにして，バッグをゼロからつくることではなく，既存のバッグをストラップだけ変えることによって，乳癌の手術を受けた方も使えるようにする方向性が生まれた。確かに専用のバッグを開発すればより良い商品になることは間違いない。しかし手術を受けた方にとっての満足度が最大になるかと言えばそうではない。自身の好みのデザインのバッグを自由に選択でき，少ない体の負担で使用することができれば最大の満足につながる。専用商品は体の負担を軽減することは可能になるが，バッグの選択の自由度は狭めてしまう。

　「専用ストラップ」を開発することによって，商品選択の多様性と，体への負担の軽減という2つが可能となる。

2.4　「ZADAN」の仕組み

　顧客に開発プロセスに参加してもらい，議論をしながら製品を開発する方式をここでは，「座談会方式」と呼ぶ。座談会方式による開発の仕組みは，顧客との接点を直接的に持ちにくい自社サイトでの販売チームであるWEBチームから生まれた。そして「座談会方式」はマザーハウス代表取締役社長でありデザイナーでもある山口絵理子氏も活用することになる。山口氏は自身の体験や知見が生かされる女性向けバッグ開発を得意としていた。一方，自身がニーズを充分に理解するのが難しい，男性向けバッグの開発が難しかった。そのため女性向けの商品とは異なる開発形態が必要だった。そこでユーザーになりそうな男性を招き，現物を交えて意見を聴きながら開発をする「座談会方式」を採用した。「座談会方式」は後に「ZADAN」と言う名称のシリーズに発展していく。そして，現在（2019年7月時点），「車専用バッグ」など9製品が

「ZADAN」の仕組みによって開発され販売中である。

　「ZADAN」は開発者，顧客が保有する情報に大きな差がある場合に有効な開発方式である。開発者は顧客が表現したニーズを確実に理解できるとは限らない。そもそも顧客が自らのニーズを正確に言語表現してくれるとは限らない。

　例えば，女性が男性をあるいはその逆や，年齢に大きな差がある場合，開発者が未経験の分野のニーズを理解する場合など，顧客のニーズを理解することが困難な場合が存在する。そのような開発における問題を解決する仕組みが「ZADAN」である。「ZADAN」ではいきなり好きなバッグの意見を求めることや，バッグに対する不満を聞くことはしない。

　まずは，「仕事で使えるボディバッグ」（第8回）といったテーマが提示される。そしてそのテーマに関する体験を持つ人々が集まり，製品に関してだけでなく，テーマに関する生活体験全般を共有する。

2.5　「ZADAN」の8つのステップ

　「ZADAN」の仕組みは，次の8つのステップによって構成されている（図表1-3）。

　まず，開発テーマ候補をマザーハウスで設定する。

　そして第1に，開発テーマ候補に対しネット上で投票する。

　第2に，投票1位のテーマに対して，初期段階に少人数の応募者と開発者が直接対話する場である座談会（開発会議）を実施する。座談会の参加者は，開発ワークショップへの参加者をネット上で公募する。

　第3に，座談会に参加できない人々に向けて，ホームページからテーマに関するアイディア，要望を収集する。

　第4に，開発から生まれた複数の意見やアイディアをマザーハウスのデザイナーによって複数案のデザイン画とコンセプトに展開する。

　第5に複数案のコンセプトとそれに基づくデザイン画をもとにFacebookページを使って公表する。そして複数案に対して広く一般の人々から投票を募る。

　第6に無条件で投票の多い案（「いいね」数の多い案）を商品化する。

　第7に，その後の開発のプロセスをホームページ上で公開する。ファースト

図表1-3　「ZADAN」の8つのステップ

ステップ	内容
0	開発テーマ候補の社内検討
1	開発テーマ候補のネット投票
2	投票1位テーマに対する座談会
3	投票1位テーマに対するホームページ上でのアイディア募集
4	座談会の意見，ホームページ上のアイディアのデザインスケッチ作成
5	複数デザイン案のFacebookによる公表と投票
6	投票数上位デザインの商品化決定
7	決定商品の開発プロセスをホームページ上で公開

サンプルと呼ばれる初期プロトタイプも公開する。そしてプロトタイプを試用して発見された問題やその問題に基づいて改良されるプロセスもホームページ上で公開する。

2.6　第2回ミーティング：乳癌を経験した人々に共感する

　第2回ミーティングにあたり，マザーハウスのメンバーが実施したことは，今までの開発スタッフの経験から知りうる最高品質のストラップのクッション材を集めることだった。

　さらに過去のストラップを集めストラップが細くなる位置を確認した。つまり素材と形状によって負担を軽減する可能性を探索したのである。参加者の10名は乳癌を経験していると共に，既存のバッグに対して不満やニーズをもっている人々だった。

　参加者には現在使用しているバッグを会場に持ってきてもらい，バッグを使って使用実態を説明してもらった。1人ひとり具体的にバッグのどの部分が体のどこの部分にあたって痛いのか，あるいはファスナーの開閉が腕を上げる動作にどのように影響があり，従来の製品の仕様では操作が難しいことなどを，持参してもらったバッグをその場で使って示してもらった。

　乳癌を経験した方々の視点には一般の人々が気づかないところも多く見出された。例えば，ストラップには加工上，表素材の折り返し部分が発生する。一般の人々は気にならない少ない段差の折り返しも，しびれがある乳癌を経験し

た人々にとっては，段差があたれば痛みを感じる。このようなことも素材と形状を変えて，使用感を確認することで明らかになったことである。

2.7　プロトタイプによる検証

第 2 回のミーティングから 1 ヶ月後には，プロトタイプが完成した。しかしプロトタイプは開発の始まりだった。プロトタイプを実際に参加者が体に合わせてみた。「鎖骨に（プロトタイプの）ここがあたると痛い」など具体的な問題が明らかになっていった。実際に聞き取りをしてもユーザーを開発者が理解できていない問題が多くある。実際に使用することによってはじめて問題を理解することができる。プロトタイプの大きな効果である。参加者からは「ショルダー部分のクッションが良い」「治療中手がしびれて，ジッパーがうまくつかめない」「背中の痛みもカバーしたい」（マザーハウスホームページ）といった意見が提示された。

早速，明らかになった問題を解決できる製品の開発に取りかかった。マザーハウスのバッグ工場はバングラデシュのマトリゴールにある。明らかになった問題はマトリゴールにある開発スタッフに伝えられた。

2.8　つくる，使う，体験を共有する

明らかになった問題を解決するためプロトタイプの見直しがはじまった。金属のパーツは，体には直接接触しないように常に体との間に隙間ができるよう，パーツの形状や位置が全て見直されていった。

さらに各部品にとがった部分，固い部分が無いよう全てのパーツや加工部分も見直された。体に負担の少ない柔らかいレザーを使用すること。ベルトをかけた状態で体の曲線に沿う形状を探し出す議論とプロトタイプの作成を繰り返した。最終的には，ベルトに10ミリのクッションを入れてフィット感を増した。

そしてファスナーの引き手もつかみやすいように長くした。

その後，再度，座談会を実施し，9 ヶ月の時間をかけて製品は完成した。通常のマザーハウスのバッグ開発は 3 ヶ月〜 4 ヶ月である。開発に時間をかけた理由は特殊素材の確保と，日常環境でプロトタイプを 1 ヶ月間試用することを 2 回実施したためである。

図表1-4　クッション入りショルダーストラップ

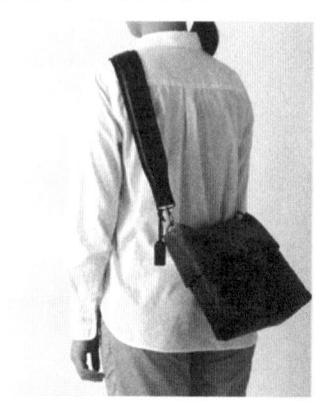

出所：マザーハウス

　プロトタイプを試用した人々からは，「使うごとに体にフィットして使い易い」「ショルダーストラップに入っているクッションが体に触れる感覚が心地よい」といった肯定的な意見が提示された。一方，「ショルダーストラップの長さがもう少し欲しい」「ショルダーストラップの調整金具は2箇所では無く1箇所で良い」といった，より良くするための意見も提示された。最も難しかったのは金具の部分である。試作と試用を繰り返し，直接金具が身体に触れる部分が最小になる金属部品の形状と位置を探り当てた（図表1-4）。

2.9　市場導入の成果

　「クッション入りショルダーストラップ」は低反発のクッションを革素材で包み込んだストラップである。身体にフィットしつつ，身体に触れる部分のアタリをクッションが吸収する。しかもマザーハウスの様々なバッグに装着可能である。販売を開始すると販売数量が3ヶ月で200個を越えるヒット商品になった。予想外だったのは，自転車メッセンジャーに購入者が広がったことである。一定重量のバッグを長時間肩にかけ自転車を運転するプロの自転車メッセンジャーは，このショルダーストラップは身体への負担が少ないことが口コミで広がったのである。

2.10 限定された市場に取り組む意義

　乳癌を経験した方々に向けた製品を開発することは，確かに社会的には意義があるだろう。一方，一定数の人々が対象になるとはいえ，市場規模とすれば限定される。規模の観点だけでみれば取り組む意義が見出しにくい。マザーハウスではキャンサー・ソリューションズとの取り組みを通じて「（乳癌を経験した人々など）本当に困っている人々を，ものづくりを通じて解決する」という事業活動の意義を見出した。そしてこのような取り組みに，マザーハウスの理念を伝えるメディアとしての役割が発見されたのである。乳癌経験者向けのバッグ開発のプロジェクトをきっかけにして，マザーハウスでは「小さくても確実にある不満や課題に対してバッグづくりを通して向き合う」（マザーハウスホームページ）活動を「Cocokara」（ココカラ）プロジェクトとして継続的に行っている。

3　製品開発におけるデジタルの活用

3.1　エクストリーム・ユーザーと共創する効果

　ここでは「ZADAN」の仕組みから新たな市場を切り拓く上での製品開発と，その上でデジタルの役割について考える。

　途上国での活動が目立つマザーハウスだが，本当に困っている人々との共働による製品開発をも積極的に行っている。キャンサー・ソリューションズとの共働以外にも，日本ブラインドサッカー協会と共働開発した日本代表オフィシャルバッグ（図表1-5）や，妊婦の人々向けのバッグなどがある。日本ブラインドサッカー協会と共働開発したバッグは，「感覚的に使える」新しい使い易さを生み出すことにつながった。そして使い易さとデザインが一般の人々にも評価され需要の拡大につながった。そしてブランドサッカー，視覚障碍の状態にある人々の存在を広く社会に理解してもらうことにつながっている。この製品も座談会方式の開発から生み出された。

　これらの人々の間では，一般の人々からみればニーズも特殊であり，その規模も限定されている。このような，一般の人々には意識されない特殊なニーズをもつ人々を「エクストリーム（極端な）ユーザー」と呼ぶ。エクストリー

ム・ユーザーのニーズは，限定された規模のため，多くの企業がそのニーズに気づかない，あるいは気づいても採算に見合わない。そのため企業は解決のための製品，サービスを開発する動機に至らない場合が多い。このような状況においてエクストリーム・ユーザーの一部には，自らの知識やネットワークを活用し，抱える問題を解決する人々が存在する。このような人々を「リード・ユーザー」（von Hippel 1988）と呼ぶ。Von Hippel（1988）によれば，リード・ユーザーは自ら抱える問題（ニーズ）の一般の人々に対する時間先行性と，その問題（ニーズ）を解決することよって得られる期待利益の高さによってイノベーションを実現する。しかしリード・ユーザーの出現は限定されている。そこでメーカーがエクストリーム・ユーザーと連携して開発することによって，エクストリーム・ユーザーが抱える一般ユーザーより時間的に先行するニーズを発見できる可能性を高めることができる。そして，メーカーがもつ技術によってニーズの解決を図ることによって革新的な製品を開発できる。このように「ZADAN」は，本当に困っている人々との共働を通じて革新的な製品を生み出す仕組みである。

図表1-5　ブラインドサッカーバッグパック

出所：マザーハウス

3.2　未知の顧客との「深い対話」

　しかしエクストリーム・ユーザーは一般の人々からすれば自身が体験したことがないことを体験している人々である。そのため一般の人々がエクストリーム・ユーザーを理解することは容易ではない。エクストリーム・ユーザーの経験や知識を活かした製品開発には工夫が必要となる。エクストリーム・ユーザーと共に，未知の顧客に取り組む製品開発の方式を「ZADAN」の仕組みは教えてくれる。それはアナログとデジタルの組み合わせである。

　マーケティングリサーチには定量調査と定性調査の分類がある。定量調査は数値化可能な情報を取り扱い，一方，定性調査は数値化が難しい言語，非言語情報を取り扱う。「ZADAN」の仕組みには，定性，定量の調査が組み込まれている。そして開発者が未知の顧客と直接対話するところに特徴がある。ただし，「ZADAN」が対象とする顧客は，開発者が経験したことがない状況に置かれている。そのため開発者と顧客の間に情報格差が存在する。乳癌を経験していない人が乳癌を経験した人の置かれた状況を，感情面も含めて全て理解することは容易ではない。このような情報格差は「情報の粘着性」（von Hippel 1994）と呼ばれている。

　情報の粘着性が高い顧客を対象とするため，「ZADAN」のステップの1つである座談会（開発会議）では参加者と直接対話をしながら開発方向を決定する。そして参加者の意見やアイディアをもとにデザイナーがその場でスケッチにする。スケッチとして表現されることによって参加者が修正や追加の意見を表現し易くなる。スケッチを通じた，参加者とデザイナーとの対話が繰り返され製品のイメージを固めていく。そして，参加者とデザイナーとの共創によって生み出された案から複数案が選定される。

　座談会は，単なるマーケットリサーチとは異なる。開発者は既存製品，素材，プロトタイプを持ち込み，顧客は，実際に使用しているバッグやバッグの使用場面などを撮影した写真を持ち込み，ひざ詰めで意見を交換し合う。そのようなプロセスから新たな方向性，製品のスペック，細部のディテールを決定する。開発者は提示された製品や写真，使用エピソードの紹介など，その場で生まれた言葉（発言）や雰囲気を手がかりに，その場で言葉やスケッチ，製品や素材を使いながら簡単な「プロトタイプ」を提示する。そのような特定の人々との

「深い対話」を繰り返すのが座談会の役割である。

3.3　未知の市場に対する「広い対話」

　直接対話では，深い情報が獲得できる。しかし商品化した場合に一定規模の顧客に支持されなければ，事業として成り立たない。特定の人々のニーズを引き出しながら，そのニーズと解決に対する広がりも確認したい。その問題を解決するための仕組みがインターネットを使った投票の仕組みである。座談会で生まれた商品化候補中から，インターネット上の不特定の顧客の投票によって商品化する候補を決定する。市場のニーズの大きさと意見を間接的に取り込む仕組みである。同時に，開発プロセスを公開することによって商品開発行動の誠実さと共に，各スペックがどのように作り込まれていくのかを確認できる。このことは商品を深く理解する顧客を生み出すと共に，その内容に共感した人々が，ソーシャルメディアやホームページなどの自身のメディアによって情報発信する。さらに投票による顧客参加によって需要の喚起と需要の予測といった効果をもたらしている。

4　おわりに

　マザーハウスの「ZADAN」の仕組みを確認してきた。誰も取り組んだことがない市場に対する製品開発では，限定された人々との直接対話が重要である。そこで得た方向性や手がかりを活用し素早くプロトタイプ（現物）に展開する。そしてそのプロトタイプを生活の場で使用してもらいながらプロトタイプの修正を重ねて行く。限定された人々との共創は深い対話を通じて，ニーズ情報を理解し，素早くプロトタイプへ展開することが可能となる。しかし，市場のニーズには片寄りが生じる可能性もある。また，どの程度の広がりがあるのか不透明である。それを補うのがデジタルの活用である。「ZADAN」の仕組みにあるように，複数のプロトタイプをインターネット上に公開し，より良い製品を一般の人々に選んでもらうことを通じて，より広がりがあるプロトタイプを選択できる。このことは限られた市場において最も広がりが期待できる製品を生み出すことにつながるのである。しかしこれだけで市場を創造する製品と

しては不十分である。市場を創造する製品の開発には，自社の理念を体現する位置づけが欠かせない。市場を創造するだけで利益を問わない製品はあり得ない。

　しかし自社の理念を体現する位置づけとなる市場創造型の製品は，収益を越えた企業の社会における存在意義，つまり自社は何故この社会に存在しなければならないのかの問いに対する具体的な解答を与えてくれるきっかけになる。

■さらに学びたい方へ

水越康介（2018）『ソーシャルメディア・マーケティング』日経文庫
　デジタル・マーケティングに関する全体像を「知る」，「伝える」，「つながる」，「創る」，「測る」の観点から整理されている。さらに学術研究とのつながりについても示されている。そのため短時間でデジタル・マーケティングの全体像をつかむ，実務，学術の両面からデジタル・マーケティングの課題別に手がかりを得ることができる。

山口絵理子（2016）『輝ける場所を探して 裸でも生きる3 ダッカからジョグジャ，そしてコロンボへ』講談社
　マザーハウス創業者であり代表を務める山口氏による著書。マザーハウスの事業内容，考え方と共に，ゼロから事業を立ち上げるための思考と行動についても学ぶことができる。姉妹書『裸でも生きる1』，『裸でも生きる2』（共に講談社＋α文庫）も併せて読んで頂きたい。

第2章

デジタル社会の価格戦略と購買行動：
利用に合わせた支払いと所有しない消費

1　はじめに

　マーケティングにおける価格設定は，これまで自社が開発・生産した製品を顧客に販売する際に行われ，消費者はその価格を支払うことによって製品を手に入れることができた。つまり，価格分のお金と交換で消費者は製品を手に入れ，生活の中でそれを消費しているのである。しかし，デジタル社会では，製品を手に入れるのではなく，その価格分のお金を支払っている間だけ製品を利用する権利を手に入れたり，他人とお金を出し合って，共同でその製品を使用するようにもなっている。他にも，基本的な機能は無料で使うことができるけれども，その製品を使いこなすにしたがって，より上級の機能を求めるようになった際には，設定された価格を支払って使用するといった価格設定も存在する。

　従来の考え方では，消費者はある製品を購入・所有し，全てのユーザーが，その製品がもつ全ての機能を使用することを前提に価格は設定されていた。しかしデジタル時代では，サブスクリプションやフリーミアムと呼ばれ，製品の所有を前提とせずに価格が設定されたり，また製品の利用の程度にあわせた価格戦略が展開されるようになった。本章では第1に，デジタル社会における，所有しない消費や製品の利用程度にあわせた価格設定と消費について紹介する。第2に，ではなぜデジタル時代においてそのような価格設定が可能になったのかということをデジタル財がもつ特徴という視点から考える。第3に，所有し

ない消費・利用程度にあわせた価格設定をする上でマーケティング上の課題を考える。

　最後に，このような価格戦略の背景にある消費者の意識や心理，またこのような価格設定がもたらす消費者行動の変化について学ぶ。

2　デジタル社会における価格戦略と購買行動

2.1　サブスクリプションによる購買

　今日の特徴的な価格設定を考えるために，音楽の聴きかたの変化を取りあげよう。従来であれば，我々は楽曲を入手するために，数千円の価格がつけられたレコードやCDなどの形あるメディアをショップで購入していた。インターネットが普及すると，ダウンロードによる購入が可能となった。楽曲のダウンロード販売は，形あるメディアの購入を不要とするばかりでなく，従来であれば10曲入って数千円といったアルバムCDとして購入していたものも，1曲数百円で購入できるようになった。

　もちろんこのような楽曲の購入方法は，現在でも一般的な楽曲の入手方法である。一方で，近年ではAmazon Music UnlimitedやApple Music，LINE MUSIC，Spotifyなどのように月々1,000円程度で，数千万曲の楽曲が聴き放題といった定額制の音楽配信サービスが普及しつつある。もっともこのような音楽配信サービスでは楽曲が提供されないアーティストもあり，聴きたいときに聴きたい曲をという仕組みが完全に実現しているわけでは無い。しかしながら，1日あたり約30円で，ネットに繋がってさえいれば，アプリからアーティストや楽曲を検索し聴きたいときに聴きたい曲を聴くことができるのである。もちろん事前にダウンロードしておけば，ネットに繋がっていなくとても音楽を聴くことができる。また，いずれのサービスも従来の音楽再生アプリで聴く場合と変わりない操作方法を提供している。そのため，従来の楽曲の購入と定額制の音楽配信との間にはその違いが見えにくいかも知れない。しかし，その価格に対して手に入れるモノとの間に以下のような違いがある。定額制の音楽配信では，たとえ一ヶ月1,000円を支払って100曲の楽曲を聴いたとしても，実際はその楽曲を手に入れているとはいえない。そのサービスと契約をしている間だ

け，その楽曲を聴く権利を手に入れているのである。一方で，従来の楽曲購入型では，形あるCDとして楽曲を購入するか，ダウンロードして購入するかで入手方法・価格は異なる。しかしながら，顧客はその価格分の支払いにより楽曲を手に入れたとみなすことができる。

　同じような価格設定の仕組みは，パソコンのソフトウェアの分野でも普及しつつある。我々が普段よく用いるMicrosoft社のWordやExcel，PowerPointなどのOfficeは，購入時にパソコンにインストールされていることも多い。しかし，そうでなければ機能の違いによって数万円を支払い，パッケージを購入することになる。また，数年に１度，大幅なバージョンアップが行われ，最新の機能を使用したければ，バージョンアップ向けの割引価格があったとしても数万円でパッケージを再購入することになる。つまり，数年に１度，数万円の支払いでパッケージを購入するというのが従来型のソフトウェアの購入方法であった。一方で，定額制の音楽配信サービスと同様に，定額制でソフトウェアを提供する方法も今日では普及しつつある（図表2-1）。Microsoft社のOfficeの場合，月額で千数百円程度の料金を支払うことでソフトウェアを利用することもできる。この場合，支払いを止めた時点でOfficeのソフトウェアは利用できなくなる。一方で，パッケージ版を買う場合，原則としてそのソフトウェアが動作するPCがある限り永続的に利用ができる。数万円でパッケージを買い切るか，月々千数百円を支払い続けるかどちらが得かは言い切れない。パッケージ版のソフトウェアを使い続ければ数年でパッケージ版の方が総支払額は少なくて済む。しかし，バージョンアップ毎に再購入するのであれば場合によっては定額制の方が安いこともあるし，定額制のプランにしか提供されていないサービスも存在するのである。このような定額制のソフトウェアの提供は，Microsoft社以外も導入をすすめており，スマートフォンのアプリでもしばしば見られる価格設定である。さらにダウンロード提供・定額制のみの形態をとり，パッケージ販売により永続的に利用権を提供するという形態をやめるという動きもある。

　以上のような，商品そのものを消費者に販売するのではなく，料金を支払っている間のみ利用する権利を提供することで収益を得るビジネスモデルをサブスクリプションと呼ぶ。また近年では定額制の価格設定が多く，定額制での

利用権の提供をサブスクリプションと呼ぶことが多い。つまり，一定の期間その製品を利用する権利に対して決まった価格を設定するのがサブスクリプション型の価格設定といえる。このサブスクリプション型の価格設定は，インターネット上で取引されるソフトウェアや音楽・動画コンテンツ，ニュース・情報など，いわばデジタル財で用いられることが多い。さらに，今日では，月額数千円という使用料を支払い，アプリから利用したい衣服や家具など選んで配達してもらい，不要になったら返却するという定額制の衣服や家具の利用サービスも登場している。

図表2-1　PCソフトウェアの購入方法の変化

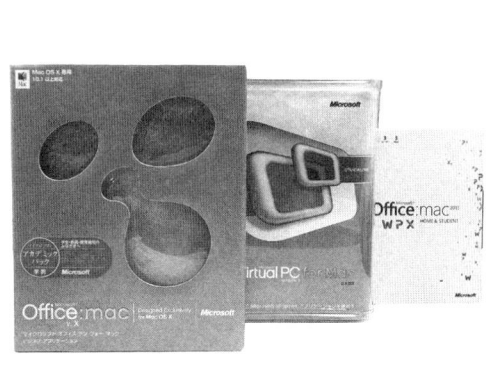 

以前はPCのソフトウェアは店頭でパッケージを購入していたが，現在ではネットで購入しダウンロードする方法が主流となっている。
左・Microsoft社のソフトウェアのパッケージ。パッケージもブランドイメージをつくる一手段であり，また消費者に購入した実感を与える手段でもあった。
右・Microsoft社のWebサイトから「今すぐ購入」というボタンを押し，必要項目を入力するだけでソフトウェアを購入できる。

出所：筆者作成，WebサイトのイメージはMicrosoft社のWebサイトから引用

2.2　シェアリング

　サブスクリプションを消費者の視点から見れば，その製品を使用したいときのみにその利用権を購入するという購買行動だといえる。よく似た消費者の行動として，シェア（共有）と呼ばれる行動が近年注目され，シェアによるサービスを提供するビジネスモデルも増加しつつある。例えば，家や自動車は，従来であれば1人あるいは1家で1軒・1台を購入あるいは借りることで利用していた。しかし，今日では，シェアハウスと呼ばれるように複数人の共同で借りたり，カーシェアリングとよばれる，会員が必要なときに車を予約し利用するといった消費が現れている。その場合，支払うのは1軒の家賃を，住む人数で割った金額を支払い，車の場合は使った時間分の使用量と月々の会費ということになる。他にも，このシェアリングは自転車やスペース（仕事や工作，家庭菜園などをする場所），衣服，アクセサリーなど様々な財をシェアリングと名付けて共同利用するビジネスモデルが展開されている。また，このシェアリングは，省資源化や資源の効率的な活用にも繋がることから，地球環境の持続可能性という社会的課題を解決に導く消費として注目されている。もちろんデジタル技術がなくてもこうしたシェアリングは可能である。しかし，シェアリングの仕組みが上手く回るためには，利用者の本人確認と時間ごとの利用管理と決済が必要になる。アナログな技術によってそれを実現するには，人手と煩雑な手続きが必要となるため，シェアリングにおけるデジタル技術の果たす役割は大きい。

2.3　フリーミアム

　インターネットやスマートフォンを利用していると，ある特定の高度な機能を使うためには料金を支払わなければならないが，基本的な機能や軽度の機能の使用であれば無料で使うことのできるサービスに出会ったことはないだろうか。例えば，オンラインストレージと呼ばれる，インターネット上にファイルを保管できるサービスがそれにあたる。Dropbox, OneDrive, Googleドライブが代表的なサービスである。これらのサービスは，いずれも一定の容量までであれば誰もが無料で，パソコンやスマートフォンからファイルをアップロードし，ほかのパソコンやスマホからダウンロードできる。しかし，利用を続ける

うちに，無料で使用できる容量以上のデータを保存したいということになるかも知れない。また，不必要と思い削除したファイルを必要になったので復活させたい，文書を作成していたけれども，先週作成していた文書のアイデアの方が良かったので，先週時点のデータに巻き戻したいなど，より高度な機能を使用したいといったこともあるかも知れない。他にも，より迅速に企業のサポートを受けたいなど，使い込めば使い込むほどより高度なニーズが生まれてくる。オンラインストレージでは，基本的な利用は無料である一方で，そのようなより上級のサービスを受けたい顧客に対してサービスを提供し，月額数百円から数千円程度の一定の利用料を課す価格設定を行っている。他にも，スマートフォンのオンラインゲームアプリの方がより身近な存在かも知れない。一定のステージや一定の時間は無料で遊べるけれども，それ以上ゲームを進めるためにはいわゆる課金をする必要があるというゲームで遊んだことはないだろうか。またステージや時間に制限は無いけれども，広告表示を消すためには課金する必要があるといった価格設定もある。これらも，オンラインストレージと同様に，基本的なゲームは無料で楽しめるけれども，より進んだステージや長い時間，また広告表示がされない快適な環境で遊びたいというユーザーに，有料価格を設定するという方法である。

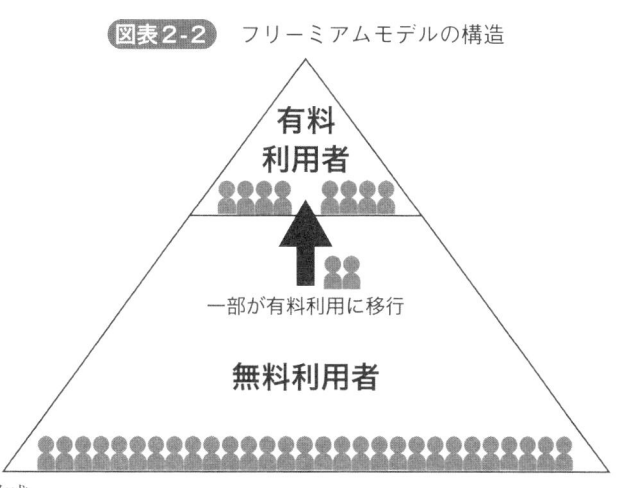

図表2-2　フリーミアムモデルの構造

有料
利用者

一部が有料利用に移行

無料利用者

出所：筆者作成

　このような価格戦略をフリーミアムと呼ぶ。フリーミアムとはフリー（無料）とプレミアム（上級のサービスに対する割増価格）を併せてつくられた語である。図表2-2に示したようにフリーミアムモデルをとるサービスの利用者の多くは無料で利用し，一部が有料利用をするという構造をとっている。また料金の支払いによる上級の機能の提供は，サブスクリプション型のように支払いを続けている期間のみ提供される方式と，支払いをすれば永続的にその機能が使用できる方式がある。

3　デジタル社会における価格戦略とマーケティング

3.1　デジタル財の特徴

　サブスクリプション，シェアリング，フリーミアムといったデジタル社会における価格設定は，今日のデジタル社会におけるマーケティングや，消費者行動の課題や変化を示している。デジタル財がもつ特徴からそのことを考えてみよう。デジタル財は，製品をダウンロードにより提供し，提供後も使用の度に通信することでそれぞれのユーザーが製品を使用できるかできないか，またどの機能までを使用できるかということを容易にコントロールできる。サブスクリプションやフリーミアムといった仕組みは，もちろんモノとして形ある製品でも採り入れることは可能である。しかし，顧客が製品を手に入れた後も顧客に対して料金を支払った場合のみ利用権を提供するという認証作業が必要であったり，支払いが終了した際は利用をできなくするという仕組みが求められる。デジタル財はそれらを容易に実現できるという特徴をもつ。さらに，形ある製品を販売する場合，製品の生産については，大量生産することにより生産コストは安くなっていくものの，生産量が多くなりすぎるとそのスケールメリットは得られにくくなる。一方で，デジタル財の場合は，ソフトウェアや楽曲の原本をユーザーがダウンロードするため，利用者がどれだけ増えようとも追加生産する必要はなくスケールメリットが限りなく得られるという特徴がある。ただし，ダウンロード量やデータ保存の容量が増加すると，それに対応できる設備の増強が必要なため，ユーザーが増加しても追加的なコストが全くかからないわけではない。さらに，形ある製品の場合は，ユーザーが増えると

物流や保管のためのコストが増加するが，デジタル財の場合はユーザーが増加しても製品提供のコストの増加は極めて小さい。フリーミアムという価格設定は，利用者が増加しても追加的なコストが小さいというデジタル財だからこそ有効なビジネスモデルである。この追加的なコストの小ささを活用して，無料であっても利用しているユーザーを増やすことで，プレミアム価格を支払ってくれる確率が高まり，またユーザー数の増加は評判や良い口コミにも影響する。さらに，インターネットでは，ユーザーの多さがその製品やサービスの価値になることがある。例えば，ユーザーが増えることでユーザー間のデータの受け渡しや共有が容易になったり，オンラインゲームなどでは利用者間の交流が活発になる。有料利用者にとっても，無料利用のユーザーとデータ共有ができたり，ゲームに課金することで無料ユーザーよりも優位に立てることはそのサービスを利用する上での魅力となるであろう。フリーミアムにより獲得する無料利用者は，有料利用者にとっても自身がそのサービスから価値の一部となっているのである。つまり，フリーミアムによる事業展開では，有料利用者の獲得だけでなく，無料利用者の獲得も重要な課題となる。

3.2 継続的な利用を促すマーケティング

しかし，このような一定の額を支払い続けてもらうというビジネスモデルは，顧客がその価格に見合ったサービスであると評価し続けることによって成立するのはいうまでもない。永続的な利用権の買い取り型の製品であれば，購入前にその製品が価格に見合った価値をもっていると判断してもらえれば売買は成立する。この買い取り型の製品でも，買い換えや追加購買の際に再度その製品を購入してもらえることを意識せねばならない。しかしながら，サブスクリプションのような製品の利用では，消費者は1ヶ月などの比較的短い更新期限毎にそのサービスが価格に見あっているかということを判断し，価格に合わないと判断すれば利用を中止してしまう。そのため，買い切り型の製品よりもさらに長期持続的な関係を意識した製品やサービスの設計が求められる。音楽配信サービスについては，価格面では圧倒的に楽曲を購入するより安いため，音楽を聴く習慣があれば継続的な利用は期待できる。一方で，利用者が習慣として音楽を聴くという気持ちをなくし，たまに好きなアーティストの新曲を聴くだ

けでよいという意識になってしまうとサービスの利用を止めてしまう。そのため，各音楽配信サービスではおすすめのプレイリストを提案し，利用者が今まで出会ったことのないアーティストや楽曲と出会わせることで，音楽を聴く習慣を強めるなどの対策がとられている。

　ソフトウェアの場合は，利用者が買い取り型の購入よりもサブスクリプションを利用してもらえるように，サブスクリプション型の利用者には保存できるデータ容量やインストールできるパソコン数の増加など，特別な機能やサービスを提供している。またサブスクリプションやフリーミアムの有料利用者に対しては，より便利な新機能を継続的に追加するといった方法でメリットを提供したり，利用の継続を促す期待感をもたせている。オンラインゲームにおける継続利用者への特典やゲーム内での定期的なイベントの開催なども，同様に継続利用のための仕組みづくりだといえよう。

3.3　消費者の価値観の変化

　また，本章で取り上げたサブスクリプション，シェアリング，フリーミアムという価格設定は，消費者の意識の変容とも関係している。消費者の意識が変化したことがこれらのビジネスモデルを可能にしたともいえるし，これらのビジネスモデルの普及が消費者の意識を変えたともいえる。その消費者意識の変容として，価格に対する支出を判断する基準の変化をあげることができる。消費者は製品を購買する際に，その価格が製品の機能や性能，品質，デザインといった製品属性に見合ったものであるか，またそれがいつ，どこで，どのように製造されたかという点からその価格が購買に値するかを判断する。しかし，消費者の価格に対する判断はそれだけではない。我々はモノをもつということそれ自体に喜びを感じることがある。つまり，その製品を「所有」することが，自身にどの程度の満足感や優越感，生活の豊かさを感じさせてくれるか，自身はどれくらいの経済的価値をもつモノを所有するのかといった，そのモノを所有すること自体の価値を考慮して価格の妥当性を判断するのである。

　なかでも，サブスクリプションやシェアリングの例として取り上げた，音楽や洋服や貴金属，家具，車，家などのモノは特にそのような側面の強い購入であるといえる。

　しかし，このようなモノをサブスクリプションやシェアリングで所有する消費者は，製品のモノとしての機能性や実用性，短期的な優越感や豊かさのみを求め，モノを所有すること自体の喜びや価値を求めなくなったということができる。

　このような変化から，消費者のモノの所有を通じた自己表現と愛着という意識・感情に対する変化を見出すことができる。第 1 の自己表現について，誰しもが自分自身をより良く思って欲しい，他人とは違う個性を認めて欲しい，自分は特別な存在でいたいという気持ちがある。そのために，自分自身をより大人っぽくしたいと思う人は，大人っぽい洋服を着たり，かわいらしいイメージを出したいと思う人はかわいらしいアクセサリーや家具を購入するなど，自分自身のイメージを強めたり，より理想的なものにするために理想的なイメージを持った製品を購入することは誰しもが経験するであろう。あるいは，自身の地位の高さというイメージを示すために高級品を身につけたりすることもある。

　他にも，CDを購入することが単に中身の楽曲を聴くだけでなく，自分は音楽や特定のアーティストが好きな自分を自分自身で再認識したり，他人にそのような自分を示したりすることにつながることもある。つまり，我々はモノを所有したり，身につけることによって自分自身のイメージを自分自身や他人に表現しようとすることがある。これが所有を通じた自己表現である。それでは，所有をしない消費であるといえるサブスクリプションやシェアリングで消費をする消費者は，このような自己表現をしたいという気持ちがないのかというと，そういうわけではない。というのも，彼・彼女らにとって自己表現のためにモノが必要なのであれば，必ずしも機能や品質が良い製品を購入する必要は無い。自分のイメージを理想的にしたり，それにより満足感や豊かさを感じさせてくれるモノを一時的に手に入れ，その効果が無くなれば返却し，また新たなモノを一時的に手に入れるということを繰り返せばより経済的に生活ができるのである。今日では流行の移り変わりが早く，また多様な製品が市場に溢れかえっており，自己表現のために使うことのできるモノは限りなく存在する。他にも，所有をしない消費が普及しつつある今日では，所有しない消費こそが他人との違いを見せつける消費でもあり，所有しない消費の実践を自己表現の手段としているとも考えられよう。

　第 2 に所有しない消費は，消費者のものに対する愛着にも影響を与える。我々はモノに対して，あたかも友人やパートナーのような気持ちを抱くことがある。子供の頃には人形やおもちゃがそうであっただろうし，大人になっても肌身離さず持ち歩いている小物やアクセサリーや，仕事や趣味で自分を助けてくれるモノは，たとえモノであっても離れがたい絆の感覚，つまり愛着を強く抱かせるのである。そのようなモノはどこかで失くしたりすると大きな喪失感を抱かせる。

　また，古くなってしまい使わなくなったとしても，そのモノを見ると昔を思い出して懐かしい気持ちになったり，そのモノとともに頑張った自分を思い出し勇気づけてくれることもある。誰しもがこのようなモノを 1 つはもっているであろうし，愛着あるモノをたくさんもつということは，生きがいを与えてくれる宝物をたくさんもつということを意味しているのかもしれない。一方で，モノを所有しないということはこうしたモノが与えてくれる生きがいを得られないということを意味する。どのようなモノであっても，そのモノと一緒に思い出深い経験をすることで，そのモノは自分に生きがいを与えてくれる存在になりうる。音楽というような形のないモノも，その楽曲を聴いたり，CD のジャケットを見ることで昔のことが蘇ることはよくある。衣服や小物，アクセサリーであっても，何回も身につけそのモノとともにさまざまな思い出を積み重ねることで，自分を勇気づけたり，懐かしさを与えてくれるアイテムとなる。またソフトウェアを通じて作成したり保存した文章や画像も，作成時は単に仕事としてつくったものも，時間が経てばその当時の自分を思い出させてくれることもある。ゲームもまた子供のように楽しんでいた自分を思い出させてくれる。しかし，サブスクリプションやシェアリングによってこれらのモノを消費するとどうであろうか。衣服や小物のような形あるモノを短期的に所有するのであれば，そのモノと思い出を積み重ねることすらできない。

　デジタル財の場合は，再度利用料金を支払えば再び利用できるものもあるかもしれないけれども，その楽曲やソフトウェア，ゲームの配信が停止されてしまえば，大切な思い出が詰まったデータは二度と帰ってこないのである。

4　おわりに

　本章では，サブスクリプション，シェアリング，フリーミアムといったビジネスモデルから，デジタル時代の価格と消費者行動について考えてきた。あらゆるモノは自分で購入し，自分のものとして所有するものであるというのは，我々のこれまでの消費が形成した固定観念である。その固定観念とは異なる前提にある価格設定がデジタル財を中心に広がっていることを本章では述べてきた。また，この現象は単に消費者にとって自分の利用期間や利用の程度に応じて合理的な価格で製品やサービスを得られるというメリットだけではなさそうである。これまで，消費者はモノの購買や所有を通じて自己表現をしたり，愛着を抱いたりすることによって生きがいを得てきた。本章でも考えたように，サブスクリプションやシェアリングは所有しない消費はモノがもつ生きがいという価値を無くしてしまう消費といえるかもしれない。一方で，現代ではモノに対して生きがいを込めるという意識が弱まっているからこそ，所有しない消費が受け入れられるとも考えられる。さらにこのことは消費者の意識だけでなく，マーケティングに対しても課題を投げかけている。現在，市場において強いパワーを持っているブランドは，消費者の自己表現のニーズを満たし，自社のマークがついた製品や特徴的なデザインの商品を好んで身につけてもらうことで評判を獲得してきた。さらに，使用や修理などのサポートを積極的に行い，また繰り返し自社の製品を購入してもらうことが，自社の製品との特別な経験につながり，その愛着が長期継続的な関係の絆となってきた。このような市場での評判と個々の消費者の愛着が強いブランドをつくってきたのである。所有しない消費は，今後のブランド構築のあり方にも影響を与えそうである。

■さらに学びたい方へ

マイケル・R・ソロモン 著，松井剛 監訳（2015）『ソロモン 消費者行動論』
丸善出版（Michael R. Solomon（2013）*Consumer Behavior: Buying,
Having, and Being,* 10th Edition, Pearson Education）

この書籍では消費者の所有や購買とそれに関わる多様な心理が述べられてい
る。本章で述べたようなデジタル社会における価格戦略のもとでの購買が，
それらの心理に与える変化や影響を考えながら読んでみて欲しい。

上田隆穂，守口剛 編（2004）『価格・プロモーション戦略』有斐閣

この書籍では価格戦略や価格と消費者心理について述べられている。本章で
述べたようなサブスクリプションやフリーミアムといった価格設定がマーケ
ターの価格戦略や消費者心理に与える影響を考えながら読んでみて欲しい。

第3章

デジタル社会のコミュニケーション：
リンナイのデジタル・コミュニケーション

1　はじめに

　コトラーは「今後，消費者がより，協働的，文化的，精神的なマーケティング手法を求める段階になる」（Kotler他，2010）と予測している。その基盤となるのは，ニューウェーブのテクノロジーであり，目指すのは価値創造である。

　ニューウェーブのテクノロジーには様々なものがあるが，本章では，デジタル技術を基盤とした消費者発信コンテンツ（Consumer Generated Contents），テキストマイニング（Text Mining），知識ベース（Knowledge Base）を取り上げる。そして，それらを基盤とした消費者の価値の分析，価値創造のためのコミュニケーション方策について学ぶことを目的とする。

　消費者発信コンテンツは，消費者により生み出され（制作され），投稿サイト，ソーシャルメディアなどに投稿されるコンテンツのことである。また，テキストマイニングは，文章を自然言語処理技術により単語に分割し，その出現頻度などを処理する技術，知識ベースは，事実，常識，経験などの知識をコンピューターが解読できる形にして蓄積・活用する技術である。

　デジタル技術の進展により，膨大で多種多様なデータが生成・蓄積・流通される時代になっている。しかしながら，それらを企業や消費者にとって価値ある情報あるいは知識に変換することは容易ではない。リンナイは，消費者に関わるデータを収集するための基盤を構築するとともに，「価値観」の枠組みから消費者データを解釈し，消費者の特性を深層的なレベルで理解した。そし

て，その特性を基に消費者に効果的に訴求できるコンテンツを設計した。この事例を通じて，「価値」を枠組みとする消費者理解，価値創造のためのコミュニケーション方策について学ぶ。また，それらの方策を行う上でのデジタル技術の役割について学ぶ。

2　リンナイのデジタル・コミュニケーション

2.1　リンナイ株式会社

　リンナイ株式会社（本社，名古屋市）は，創業1920年，資本金64億5,974万円，従業員数3,702名（連結では10,613名）の企業であり，熱エネルギー機器の開発・製造・販売を主要事業としている（2019年3月31日時点）。

2.2　背景

　リンナイは，ビルトイン（組み込み型）ガスコンロとして「DELICIA」「LiSSe」「Blanc」などの商品ラインアップを揃え，消費者の様々なニーズに対応している（リンナイ株式会社ホームページ参照）。従来は，DELICIAは最も高級感があり機能性もある機種，LiSSeは機能性を充実させた機種，Blancはシンプルなデザインの機種，などのラインアップにより商品をアピールしていた。商品購入後におけるリンナイと消費者とのコミュニケーションは乏しく，リンナイのブランド認知率は高いものの，自宅のコンロがどこのブランドか約8割の人が分からないという状況があった。

　リンナイは，ブランド価値の向上と消費者との直接接点の構築を目指すeビジネス推進室を立ち上げ，それまでチャネルが明確に整備されていなかった交換部品の直接販売ができるEC（Electronic Commerce：電子商取引）サイトを構築した。さらに周辺グッズ（キッチン用品，調理用品，消費者とのコラボ商品）を拡充することにより，消費者とのコミュニケーションをより密接にすることとした。その一環として生まれたのは調理器（鉄板）「ココット」である。ココットは，リンナイのビルトインガスコンロのグリルで使える浅型容器の調理器であり，遠赤外線・近赤外線効果により料理が美味しくでき，ノンフライ調理により料理をヘルシーな仕上がりにするというベネフィットを有して

いる。ココットを消費者に活用してもらうことをきっかけに，リンナイから，便利な使い方，料理レシピなどの情報を提供するとともに，消費者から商品に対するレビューなどの定性的データを収集した。そして，それらのデータを基に，消費者の様々なニーズ・価値観を詳細に把握・分析すること，消費者にとって魅力的なコンテンツを提供すること，消費者にとって魅力的な商品を開発することを目指した。

2.3　消費者データの直接収集

リンナイはまず，リンナイ商品の利用を支援するコミュニケーションツールとしてECサイト「リンナイスタイル」（図表3-1）を構築し，交換部品販売，掃除グッズ販売および料理グッズ販売を行うようにした。リンナイスタイルはそれらの販売のみならず，消費者発信コンテンツ（商品レビュー：性別，年齢層，地域，評価点およびレビュー文章）を直接収集した。

図表3-1　リンナイ商品の利用を支援するコミュニケーションツール
ECサイト「リンナイスタイル」

・交換部品販売
　最短，翌日お届け

・お掃除グッズ販売
　製品に合ったお手入れ
　方法の紹介

・お料理グッズ販売
　便利な使い方・
　便利グッズの紹介

出所：リンナイスタイル

2.4　消費者ニーズ・価値観の把握・分析

次に，リンナイスタイル会員の使用年数・交換データを基に利用実態を把握し，テキストマイニングを活用して商品レビューにおける単語の出現頻度，商品別の単語相関図，性別・地域別・評価・ネガティブ単語別のレビュー文章な

図表3-2 DELICIA利用者の価値観タイプ

価値観タイプ	実用性重視の しっかり派	マメなこだわり派	家庭的な愛情派
概要	・長く使いたい ・お手入れメンテナンスを自分でする ・実用性, 安全性, 品質を重視する ・環境に関心がある	・お手入れメンテナンスを自分でする ・手間をおしまない	・長く使いたい ・おいしい料理を作って喜ばせたい ・ムダのないシンプルライフ ・お手入れが簡単 ・デザインにこだわる ・環境に関心がある

出所：リンナイ

どを分析し，会員の価値観タイプを抽出した。ここで採用した「価値観」とは，人間が持つ価値観を12種類の価値観タイプに類型化し，各々の価値観タイプに対応した生活スタイル（生活理念，行動パターン，様々なサービスに対する考え方や行動）を基に，人間の価値観がそれらの組み合わせにより構成されるという考え方である（インサイトボックスホームページ参照）。DELICIA利用者の特性を浮き彫りにするため，一般人，リンナイスタイル会員，DELICIA利用者の価値観を比較分析し，DELICIA利用者は「実用性重視のしっかり派」「マメなこだわり派」「家庭的な愛情派」（図表3-2）の3つの価値観タイプを持つことを分析し，以下のような消費者像を描き出した（リンナイ株式会社CMO Japan Summit 2015資料参照）。

　①基本的人物像：協調性があり社交的。堅実なホームメーカータイプ。

　②商品へ感じている価値観：あまり専門的な内容に詳しくないのでおすすめされるものを選ぶ。

　③店舗に感じるベネフィット：親切さ，親しみ。アフターフォローの良さも安心できるポイント。

2.5　消費者にとって魅力的なコンテンツの提供

　そして，DELICIA利用者に対して，前述の3つの価値観タイプに対応した3種類の顧客スペックシート（図表3-3）を作成し，DELICIAの商品レビュー

図表3-3　「実用性重視のしっかり派」の顧客スペックシート

Cluster Cの特徴　「実用性重視のしっかり派」

■ 主な層：男性 60代 会社員（管理職以外の正社員）
■ 常識的で責任感が強く、親としての意識が高い。
■ お金の管理はきっちりしている。
■ 買い物は実用性を重視。安いだけのものは避け、高額な買い物には慎重。
■ ものを大切に長く使うことを良いと感じる。

価値観からの特徴は以下のとおり。

【性格】
<以下にあてはまりやすい>
・選挙には必ず行く
・のんびりたい
・愛着のあるものを使い続ける方である
・家族や友人を喜ばせたい

【性格】
<以下にあてはまりにくい>
・最近違和感を感じた
・出世したい
・人のものをすぐに欲しくなる
（隣の芝は青い）
・お財布にあるだけお金を使ってしまう

【お金】
<以下にあてはまりやすい>
・生命保険にはいっている
・高額なお買い物はお子家族に相談する
・ポイントをためるのが好き
・節約しなければと思う
・ささやかな贅沢ができるようになりたい

<以下にあてはまりにくい>
・好きなもの、好きなことにはお金をおしまない
・美容やファッションにお金をかける
・ボーナスが出ると大きな買い物をする
・将来のお金に不安はない

うれしい、幸せと感じること
・美味しいものを食べている
・家族と一緒に過ごす
・ひとりでゆったりとしている
・趣味の活動に没頭する

腹が立つ、不快だと感じること
・公共の場にマナーの悪い人がいる
・人の悪口を言う人がいる／人を貶める発言をする人がいる
・約束をやぶられる

交友関係
・学生時代からの友人がいる
・数は少ないが仲の良い友人がいる
・今の友人との関係はこの先もずっと続くと思う
・仕事は結局、人と人とのつながりが重要である

時間
・約束の10分前には到着する
・老後をのんびり悠々自適に過ごしたい
・自分のための時間がある
・時間ができたら旅行に行きたい

食事
<以下にあてはまりやすい>
・必ず一日3食食べる
・食事には、味が大事だ
・食事を残すと申し訳なく思う

<以下にあてはまりにくい>
・相手と親しくなるためにまず食事をする
・美容・健康のために食べるものを制限している
・お客さまを家でもてなすのが好き

商品を購入するときのこだわり
・良い物を長く使いたい
・実用性で選んだ
・流行りより長く使えるものがいい
・値段が多少高くても品質がよいものを重視したい

所有するこだわりの商品のイメージ
・価格できる
・シンプルな
・飽きのこない

お持ちのものについて
・ものはできるだけ長く使いたい
・物を大切に長く使う人は素敵だと思う
・好きな特定のブランドがある
・メンテナンスは自分でする

生活家電を購入時に重視する点
・品質
・安さ
・使い勝手がいい
・実用的である

出所：シナジーマーケティング

からキーメッセージと訴求ポイントを抽出して、顧客スペックシートごとの CRM（Customer Relationship Management：顧客関係管理）施策を作成した。
　消費者の商品に対する行動（購買、ページビュー、クリックなど）履歴とそれに関わるキーワードを紐つけた知識ベース（インサイトボックスホームページ参照）を活用し、DELICIA利用者とのコミュニケーションメディア（タッチポイント）とDELICIA利用者に支持されるキーメッセージと訴求ポイントを抽出した。そして、タッチポイントをパンフレットとし、DELICIA利用者の特徴を踏まえ、商品の機能訴求ではなく、ベネフィット（いかに美味しく料理ができるか、美味しそうな料理そのもの、商品レビュー）訴求を行い、利用者がイメージ・共感できる世界観を重視してコンテンツをデザインした。改善前（2014年）と改善後（2016年）のパンフレットを図表3-4に示す。

図表3-4　DELICIAのパンフレット（改善前／改善後）

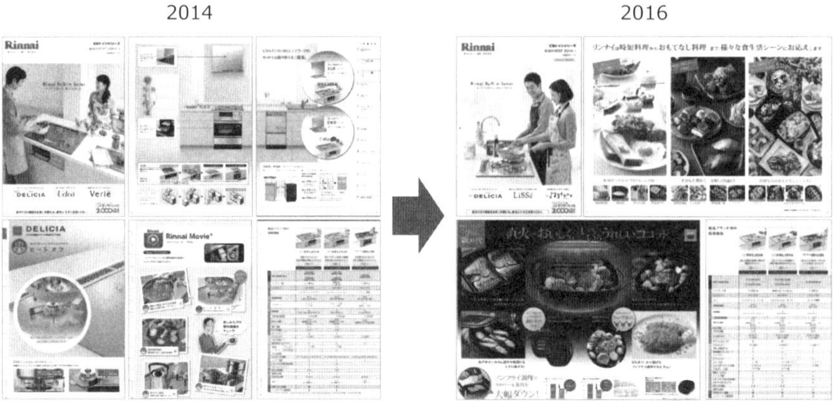

出所：リンナイ

　また，DELICIA利用者を対象にココットを活用したレシピ本（約2,000円）を出版し，ダイレクトメールおよび電子メールにて2014年モデルのDELICIA利用者に出版情報を送付した。事前に，対象者の過去の行動データを元に，購入確率の高いと予測される区分と，そうでない区分に分け，さらにそれぞれの区分に対して配信媒体の組み合わせを「ダイレクトメールだけ送付」「電子メールだけ送付」「両方送付」とランダムに3分割し，どの区分がどのように購入するか実際の結果を検証した。結果，レシピ本はそれ程売れるものではないにもかかわらず，事前に購入確率が高いと予測し，かつダイレクトメール，電子メール両方を送付した区分では14.7％ものDELICIA利用者に購入された。

2.6　消費者にとって魅力的な商品の開発

　リンナイは，リンナイスタイルの会員に商品レビューを書く理由についてのアンケート調査を実施した。調査結果により，その理由として「自分の意見を製品に活かしてほしいから」が62％もの割合を占めていることを重く受け止めた。

　リンナイは，収集した商品レビューを分類し，リンナイの社員（開発，製造，営業，管理）が商品レビューの投稿された翌日にはそれらを検索・閲覧できる

社内サイト「ひまわりメッセンジャー」を構築し，商品開発の改善に活かせるようにした。

2.7　成果

リンナイスタイルは，2006年の開始から会員数を着実に増やし，2012年に10万人を突破，2019年3月末時点で71万人となっている。また，ココットの発売からわずか7ヶ月で商品レビューが6,000件を突破した。そして，通常，配信メールの開封率は約11％程度であるが，リンナイは知識ベースの活用により，メールの開封率36.7％を達成した。リンナイと消費者とのコミュニケーションは従来に比較すると飛躍的に密接になってきている。

3　価値創造のためのデジタル・コミュニケーション

リンナイの事例で注目されるのは以下の点である。

3.1　消費者の価値に関わるデータの直接収集

デジタル技術が発展し，企業が消費者に関するデータを収集できる情報通信基盤やデータ処理システムは急速に進化した。例えば，コンビニエンスストアー，スーパー，ECサイトなどで活用されているPOS（Point Of Sales：販売時点情報管理）システムにより，膨大な購買データが収集・蓄積され，それらの購買データを基に高度な統計処理が行われ，売れ筋，死に筋などが分析されている。また，スマートフォン，パーソナルコンピュータなどで活用されているソーシャルメディアにより，膨大な消費者発信コンテンツが容易に収集・蓄積され，それらの消費者発信コンテンツを基に消費者の話題，トレンドなどが分析されている。究極的には，消費者個人の購買・反応・発信データを基にワントゥワンマーケティングを展開してゆくことが目指される。

ただし，これら膨大なデータを企業は一括して入手できるわけではない。多種多様なデータやメディアが氾濫する中，企業が入手できるデータ，活用できるメディアを制約条件として，消費者を理解し，消費者の多様化に対応してゆくこととなる。

　リンナイは，最も精度の高い情報源として消費者データを直接収集するEC
サイトを立ち上げ，消費者との協働が行える情報基盤を構築した。消費者の文
化的・精神的特性が把握できるように，商品レビュー文章などの消費者発信コ
ンテンツも収集するようにした。消費者発信コンテンツには消費者の経験価値
に関わる情報が込められている。

3.2　価値の観点からの消費者理解

　一言で「多種多様」といっても消費者には時代や状況により変化しやすい側
面とあまり変化しない側面がある。変化しやすい側面に対しては，その都度，
短期的に対応するのであろうが，変化しない側面に対しては，多種多様なデー
タに潜む消費者の本質（中長期的な特性）を捉え，それらを枠組みとして対応
してゆく必要がある。

　リンナイは，目先の売り上げではなく，消費者との長い関係性を重視すると
いう観点から，中長期的な特性として消費者の「価値観」に注目した。リン
ナイは，収集した消費者発信コンテンツをテキストマイニングにより分析し，
ターゲットとする消費者は3種類の価値観タイプから構成されると考え，それ
らの組み合わせを可視化することにより消費者像を描き出し，消費者の文化
的・精神的特性を理解した。テキストマイニングは，文章を自然言語処理技術
により単語に分割し，単語の出現頻度，単語間の関係，単語の評判などを分
析・可視化する技術であり，分析者は可視化された図などから文章に込められ
た知識（概念，事象の関係など）を抽出することができる。

3.3　消費者感性・感情を刺激するクリエイティブ方策

　コトラーは「マーケティングは消費者の精神に訴えかける段階へと進化する
必要があるだろう」（Kotler他，2010）と予測している。企業は消費者の文化
的感性や精神的感性・感情に訴えかけるコミュニケーションやコンテンツを展
開してゆく必要がある。

　リンナイは，分析・可視化した消費者像と知識ベースを活用し，消費者感
性・感情を刺激する訴求点（メッセージ）と表現トーンをデザインした。知識
ベースは，消費者が購入した商品やアクセスしたWebページなどに対して何

らかの支持を表明した際に，その行動に関連付けられたキーワード（タグ）への支持があったと解釈し，消費者支持とキーワードの関連付けを知識として蓄積したものである（後迫，2015）。知識ベースの利用者は，商品をメールマガジンなどで訴求し，購買行動を喚起させたい時に，知識ベースを活用して，当該商品を支持する消費者を事前に予測でき，あるコンテンツ（文面）に反応すると思われる消費者を識別することができる。そして，それらの予測や識別を踏まえ，消費者に支持され反応されやすいコンテンツ，つまりは消費者価値を持ち消費者を刺激するコンテンツをデザインすることができる。

3.4　消費者の価値創造

コトラーは「製品やサービスの意図が消費者にとって意味を持ち続けるよう，マーケターは消費者の不安や欲求を理解し，『魂の暗号を解く』努力をする必要がある。」（Kotler他，2010）と指摘している。企業は消費者の不安や欲求を理解し，商品やサービスを開発してゆく必要がある。

リンナイは，収集した商品レビューをリンナイの社員が検索・閲覧できる社内サイトを構築し，商品開発の改善に活かせるようにした。消費者の経験価値に関わる知識（意見，要望）のフィードバックにより開発された商品は，消費者にとっての価値創造となる。また，消費者の経験価値に関わる知識を様々な部門の社員が共有することによって消費者価値に対する社員の理解と意識が高まり，商品開発のみならず，企業全体のサービスの品質が向上すれば，企業のブランド価値を向上させることになる。

4　おわりに

従来，企業は他社と比較して差別化が図れる商品を製造し，それを数多く販売することを目指してきた。販売後の対応としては，交換部品販売，メンテナンスなどのアフターサービスにとどまるというのが一般的であった。消費者の嗜好や価値観の多様化に対しては，商品のラインアップを揃えるといった形で対応してきた。

しかし，ラインアップだけでは対応できないほど消費者は多様化してきてお

り，企業はその多様性に関わるデータを消費者から収集し，消費者に個別的に対応してゆく必要がある。単に商品を販売するというビジネスではなく，商品を手段として消費者に価値をもたらすサービスを協働的に展開してゆくビジネスが求められている。

　リンナイの事例は，消費者の価値に関わるデータを直接収集するコミュニケーションツールを整備し，それを活用することにより，価値の観点からの消費者理解，消費者感性・感情を刺激するクリエイティブ方策，消費者の価値創造を行ったものである。消費者との協働的なコミュニケーションを基に，消費者の文化的特性や精神的特性を踏まえた価値あるサービスを展開し，企業と消費者の価値創造を行った事例として位置づけられる。

■さらに学びたい方へ

藤崎実，徳力基彦（2017）『顧客視点の企業戦略：アンバサダープログラム的思考本』宣伝会議

本間充（2018）『シングル＆シンプルマーケティング：個客に深く長く寄り添い，利益を伸ばす』宣伝会議

　いずれも，デジタル社会における顧客視点を基盤とした新しいマーケティングの必要性や可能性について言及した本。

第4章

デジタル社会の消費者間コミュニケーション：スマートフォンやSNSによるコミュニケーションの変化

1　はじめに

　SNS（Social Networking Service）を使って友人と会話することは，我々にとってごく日常的なこととなった。なかには学校や会社，地元の友人だけでなく，自分が好きな製品やブランド，またはアーティストなど，共通の趣味をもつ人とSNS上で会話したり，友人になったりした経験がある人もいるかも知れない。SNSは，身の回りの友人や知人とコミュニケーションをとるツールであるばかりでなく，製品やブランドのユーザー同士，アーティストやグループ，チームのファン同士がコミュニケーションをとるツールでもある。

　本章では，SNSを初めとするネット上でのコミュニケーションを消費者の視点から学ぶ。第1に，消費者同士のネット上でのコミュニケーションがもつ機能について学ぶ。第2は，消費者がネットを用いてコミュニケーションを取るようになった初期の頃から現在までのコミュニケーションの変化についてである。初期においてはパソコン通信やインターネット上のコミュニティで消費者はコミュニケーションを取ってきた。一方で，現在ではTwitterやInstagramなど個々人が自身のタイムラインが存在するSNSでコミュニケーションを行うようになった。またコミュニケーションツールも，パソコンからスマートフォンへと大きく変化した。それぞれの時期において，どのような消費者はコミュニケーションに参加し，どのようなコミュニケーションを取ってきたのかということを学ぶ。最後に，このような消費者間のコミュニケーションの変化が，

消費者個人の行動とマーケティングに及ぼす影響を考える。

2　ネット上での消費者間のコミュニケーションスタイル

2.1　ネット上でのコミュニケーションがもつ機能

　SNSを使っていると「美味しいラーメンが食べたい！」とつぶやくと「○○のラーメンが美味しいよ！！」と返ってきたり，「○○の使い方がわからない！」とつぶやくと「こうしたら上手く使えるよ！」と誰かから教えてもらえることがある。また誰かに聞かれて答えるためではなく「○○の新曲が好き！！」といったように自分の思いをつぶやくということもある。このような製品やサービスに関するコミュニケーションはどのような機能をもつのであろうか。第1に，消費者同士の口コミやサポートといった情報交換の機能がある。消費者が発信した情報は，実体験に基づく情報であり，受け手の消費者にとって理解しやすい。また，必ずしも正しい情報というわけではないけれども，信ぴょう性が高いという特徴がある。第2に，消費者同士がやりとりをしている間に，そのやりとりに参加する誰もが想像もしなかったアイデアやニーズが生まれる。

　そうした新たなアイデアの創発の場という機能もある。第3に，消費者はその製品やサービスにハマるほど，自分がそれを好きな気持ちを誰かと分かち合いたいという気持ちになる。感情の共有もネット上のコミュニケーションがもつ機能だといえよう。最後に，誰かと分かち合うというよりも，自分はその製品やサービスが好きな人間である，また自分はその製品やサービスを誰よりも使いこなしている人間であるという自己表現の場としての機能をもつ。

2.2　コミュニティでの消費者間のコミュニケーション

　このようなネット上の消費者同士のコミュニケーションが行われ始めたのは，1980年代後半からとそう歴史は長くない。インターネットが普及する以前はパソコン通信と呼ばれる仕組みを使ってコミュニケーションを取っていた。パソコン通信では，画像や音楽などのデータのやりとりも可能であったが，通信速度も遅く，文字によるやりとりがほとんどであった。当時はパソコ

ンを個人で所有している人も少なく，パソコン通信のためには機材の購入と電話料金も必要とされ，誰しもが容易に利用できるものではなかった。そのため，BBS（Bulletin Board System）とも呼ばれる電子掲示板でのやりとりはパソコンをはじめ，特定の趣味に強い関心をもつ人々のみが集まって行う強い情報交換であった。また同じ趣味の人と語りたいというニーズを強くもつ消費者同士が参加するため，専門的な内容のコミュニケーションも展開されていた。

　1990年代後半になると，インターネットに簡単に接続できる機能が追加されたWindows 95の登場もあいまって，急速にインターネットが普及するようになった。インターネットの普及によって当時流行したのが個人でWebサイト（ホームページ）を作成するという行為である。インターネットを使うことで，文字にはサイズや書体などの装飾を加えることができるようになり，さらに背景や画像，アニメーション，音楽などを情報発信に用いることができるようになった。そのような多様な表現手法を用いて，単なる自己紹介のページをつくる人もいれば，なかにはパソコンや車，バイクなど自身の趣味に関する情報を発信するサイトを立ち上げる人も現れた。さらに一方的に情報を伝えるのではなく，掲示板と呼ばれる訪問者が自由にコメントを書き込めるページを作成し，そこで同じ趣味をもつユーザー同士のコミュニケーションが行われるようになり，規模が大きくなったサイトはユーザー同士のグループサイトとして発展するようになった。1人もしくは数人のユーザーが運営する掲示板で，日本中，場合によっては世界中のユーザーがコミュニケーションを取るようになったのである。

　このようなネット上の人間関係は，血縁や地縁，学校，職場での縁を基にしたコミュニティとは異なり，情報や関心に基づくコミュニティであり，従来の我々の人間関係の作り方とは大きな違いをもつ。このようなオンライン上の空間をオンライン・コミュニティやネット・コミュニティと呼ぶようになった。

　2000年代も後半を迎えると，消費者に掲示板のようなコミュニケーションスペースを提供し，そこに表示する広告などで収入を得るという，SNSの展開をビジネスモデルとする企業が増加した。その1つがmixi（ミクシィ）である。

　mixiでも他のSNSのように，個人がそれぞれアカウントを作成し，友人を追加したり，日記を書いたり，つぶやくことで情報を発信できる。しかし，こ

の頃のSNSに特徴的であったのは，「スタバが好きな人」「SONYファン」など，趣味やブランドのコミュニティをユーザーが作成することができ，そこで同じ興味・関心をもつ人々が繋がり，コミュニケーションを取っていたのである。また，この頃には携帯電話からも簡単にアクセスできるようになり，SNSの利用者は格段に増加し，消費者同士のコミュニケーションも活発になった。

　2010年代後半になると，スマートフォンが急速に普及するようになる。スマートフォンの普及以前は，ネットでコミュニケーションを取ろうとすると，パソコンの前に座ってサイトにアクセスするか，携帯電話の小さな画面でやりとりをする必要があった。しかしスマートフォンの登場により，いつでもどこでもアクセスできるようになった。またそれぞれコミュニティやSNSでは，それぞれのサービスに対してアプリが提供され，アイコンをタップするだけでより便利にコミュニケーションをとれるようになった。スマートフォンの普及がもたらしたもう一つの変化は，写真や動画を撮影して，簡単にアップロードできるようになったという点にある。従来のオンライン・コミュニティではしばしば製品の使い方を文章で教え合うことがあった。しかし，誰しもが写真や動画をスマートフォンで撮影し，簡単にアップロードできるようになったおかげで，より明確に製品の使い方を教え合うことができるようになっている。また，写真や動画をその場で簡単にアップロードできることにより，料理やファッションといった従来のオンライン・コミュニティでは話題になりにくいテーマが活発にやりとりされるようになる。料理については文章でもやりとりすることは可能である。しかし，自分がつくったり飲食店で食べた料理を写真で投稿することでより，よりその美味しさを伝えることができる。さらに，料理の作り方も教えたりすることも，動画を添えることでよりわかりやすく伝えることができる。ファッションについては，スマートフォンが普及するまで，オンライン・コミュニティでは全くといっていいほど盛り上がらなかった話題であったといってもいい。しかし，多くの若者が関心を持つファッションという話題は，スマートフォンにより自撮り画像が簡単にアップできるようになったことで，瞬く間にオンライン上で発信されやすい話題となった。（図表4-1）

図表4-1　テキストだけのコミュニケーションから動画によるコミュニケーションへ

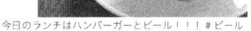

出所：筆者作成

2.3　個人のタイムライン上での消費者間のコミュニケーション

　さらに2010年代後半になると，TwitterやFacebook，InstagramなどのSNS
が普及するようになった。このような近年のSNSを用いた消費者間のコミュニ
ケーションと従来のコミュニケーションは以下のような違いがある。第1に，
従来のコミュニケーションがコミュニティで展開されていたのに対し，近年の
SNSを用いたコミュニケーションは，タイムラインとも呼ばれる自身と友人の
投稿が表示される画面を中心に行われるという点にある。従来であれば，同じ
趣味や関心をもつ人とコミュニケーションを取りたければ，ネット上のコミュ
ニティにアクセスすれば容易に繋がることができた。しかし，個人のタイムラ
イン上でのコミュニケーションの増加により，現在では明確な消費者間のコ
ミュニティにおける情報や感情の交換は少なくなってきている。同じ趣味や関
心をもつ消費者と繋がりたいユーザーは，ハッシュタグ（#）や検索機能を用
いて互いの存在を知り，友人になりタイムライン上でやりとりするようになっ
た。また特定の製品やブランドに関する情報を得たい消費者は，検索や特定の
ハッシュタグの付いた投稿を追いかけることで情報を入手するようになったの
である。

　第2に，近年のSNSにおけるコミュニケーションの特徴として，表現手法が
多様化したことがあげられる。従来のパソコン通信やオンライン・コミュニ
ティにおけるコミュニケーションは，文字でのやりとりが中心であった。一方
で，近年のSNSでは，文字だけでなく画像や動画を用いたやりとりが盛んに
なされている。新しく買ったモノ，食べたモノの写真を載せたり，自分がつくっ
た料理や工作などの写真を載せたりする。また近年では動画による発信も盛ん
になりつつある（図表4-1）。そのような光景はSNSを使っているとしばしば

目にする投稿であり，単に文字だけで書かれるよりもより一層その内容がリアルに伝わるであろう。また，画像を用いた投稿のもうひとつの新たな動向としてスタンプによる感情表現が挙げられる。スタンプ画像を用いないテキストベースのコミュニケーションでも，顔文字や絵文字を文章中に加えることで自身の気持ちを伝えるというコミュニケーションは以前から存在していた。しかし，スタンプの送信だけで自らの感情を示すようにもなっている。また「いいね！」のように，自身が言葉をコメントとして送るのではなく，ボタン１つで気持ちを伝えるというのも今日のSNSの特徴である。さらに，この「いいね！」についてはSNSによっては，「いいね！」をしたことが元の投稿とともに他の友人に伝えられることもある。ある１人の投稿が，「いいね！」の連鎖を通じてSNS上に拡散していくようにもなった。こうした拡散はリツイートやシェアと呼ばれる，他人の投稿をそのまま再び自身の友人に向けて発信する投稿によっても行われ，最近のSNSではたった１人の何気ない投稿が多くの人々に共有されるようにもなっている。他にも，SNSで特定の製品やブランドに関する情報を発信し続けることでSNS上の有名人となる消費者もいる。このような消費者はインフルエンサーとも呼ばれ，影響力の強い消費者としてマーケターも注目しており，インフルエンサーに商品を紹介してもらうことによるマーケティングも行うようになった。

3　消費者間のコミュニケーションとマーケティング

3.1　消費者のネットコミュニケーションの変化

　タイムラインをベースにするSNSとスマートフォンの普及は，消費者のネット上でのコミュニケーションを大きく変化させた。それ以前のコミュニケーションは，コミュニティ型のコミュニケーションであり，消費者同士はコミュニティの中で関係を形成していた。また個々人はあるAというコミュニティでは，ふざけたイメージで振る舞い，Bというコミュニティでは真面目に熱く語るイメージで振る舞うなど，コミュニティによって自分を変えることができた。

　さらに，自身の考えや感情はテキスト（文字）で表現していた。コミュニケーションの参加者は，手間をかけてそのコミュニティに参加することから，

製品やブランドに対する関与が比較的高い人々で構成されていたといえる。一方で，タイムラインをベースとするSNSでは，特定の関心別に情報を閲覧するのではなく，利用者がフォローするユーザーの投稿が時系列に表示される（図表4-2）。また参加する場所・集団としてのコミュニティはなく，ハッシュタグやコメントのやりとりによってコミュニティを形成する。また，情報の拡散によって，瞬時に自身が発した情報が拡がり，瞬間的に関心を共有したコミュニティが生まれる。またSNSでは複数のアカウントを使い分けることによって自分を変えることはできるものの，同一のアカウントでは，コミュニケーションをとる相手によって自分を変えるというのは難しい。さらに，テキストだけ

図表4-2　コミュニティ型のコミュニケーション（左）とタイムライン型のコミュニケーション（右）

PC についてのコミュニティ

Q. メモリーの相性について (abc さん)
・この PC に合うメモリはどれを選べばいいのでしょうか？
A. 相性を保証してくれるお店で買うとよいのでは (def さん)
A. ウチはメーカ X の製品でちゃんと動いてますよ。(ghi さん)

Q. Windows が動かなくなった (jkl さん)
・今日電源を入れたら Windows が起動しなくなりました。どうすればいいでしょうか？
A. 付属の CD を使って修復してみては？ (mno さん)

Q. ネジが締まらない・・・(pqr さん)
・ネジを締めてもきちんとしまらないのですが，こういうものですか？
A. そういうモノだと思います (stu)
A. 短いネジが同梱されているはずなのでそれを使用しましょう (vwx さん)

A さんのタイムライン

 ABC
この PC にはどのメモリが合うのだろうか・・・

 DEF
メーカー X のメモリがいいよ！

 GHI
昨日，京都でラーメン食べた！！美味しかった！！
ラーメン　# 京都

 jkl
どこのラーメン？？？

 MNO
明日は暑いらしい・・・

 PQR
XXX 全国スタジアムツアー開始！！！

 STU
見たい！！！

 vwx
PC のネジが締まらない・・・

出所：筆者作成

でなく，画像や動画，スタンプや「いいね！」など多様な表現手法で自身の考えや感情が表現されるようにもなった。また気軽にいつどこでも情報を発信できることから，それほど関心のない製品やブランドに関しても情報が発信され，低関与な消費者の情報も発信されるようになったといえる。

このような変化は，2.1でとりあげた，消費者の情報交換，アイデアの創発，感情の共有，自己表現という消費者同士のコミュニケーションがもつ機能にどのような影響を与えたのであろうか。

まず，口コミや消費者同士の教え合いといった情報交換の側面から考えてみよう。誰しもがSNSとスマートフォンを使い，手軽に画像や動画を用いた情報交換を行えるようになったという変化は，従来のパソコンや携帯電話の小さな画面を使ってまで参加しようとは思わなかった消費者をネットの世界に呼び込んだ。さらに，スマートフォンの普及により簡単に用いることのできるようになった画像や動画は，口コミや評価のリアリティを高め，またファッションなど文章では上手く情報交換できない分野の消費の情報交換も促進した。

個々の消費者が既にもっている情報を交換するだけでなく，ネット上のコミュニケーションは新たなアイデアや知識を創発することもあると述べた。タイムライン型のコミュニケーションは，コミュニティ型のコミュニケーションに比べて議論が深まりにくい。というのも，図表4-2に示したように，コミュニティ型のコミュニケーションは，特定のテーマに関する意見交換の結果を一覧してやりとりがなされる。一方で，タイムライン型のコミュニケーションは多様なテーマに関する新着情報が時間軸で画面に表示されるため，次々と情報が流され消えていく。また利用者層を見ると，特定の製品やブランドに対し強い関心をもっている消費者とそれほど関心をもたない消費者が混在するのがタイムライン型のSNSの特徴である。これらを踏まえると，関心の強い消費者同士が，深い議論や意見交換を行い生まれるアイデアや知識は，タイムライン型のコミュニケーションでは生まれにくいといえる。一方で，多様な消費者の意見を踏まえ，突然のひらめきのような瞬間に生まれるアイデアや知識はタイムライン型のコミュニケーションのほうが生まれやすいかもしれない。また，感情の共有も同様に，コミュニティ型のコミュニケーションの方が，感情を共有したファンによるコミュニティを生みやすい。一方で多様なユーザーが，リア

ルタイムでその瞬間の感情を共有するといった現象はタイムライン型のコミュニケーションの方が生まれやすいといえるだろう。

　最後に，消費者の自己表現への影響である。消費者は珍しいものやみんなが憧れるようなモノを購入したり所有していることを他人に見せたり，工作や料理，ファッションのコーディネートなど自身が創意工夫してつくったモノを他人に見せたりすることで自己を表現する。またそれを見た相手から褒められることで自信や満足感を抱く。従来のコミュニティ型のネットコミュニケーションでは，共通の趣味や関心をもつ人々がそこに集まるため，そこで消費者は日頃の消費の成果を披露し，自己表現をしていた。しかし，当然のことながら上級者も参加しているため，他人から褒めてもらうためには厳しさを伴う場であったかも知れない。一方でタイムライン型のコミュニケーションでは，そのような競争を意識することなく，周囲の友人や知人に対して，いわゆるSNS映えする写真を撮影し，手軽に自己表現ができるようになったといえるかも知れない。また，見ている側も「いいね！」やスタンプを通じて簡単に相手を褒めることができるため，発信者も簡単に自分への自信や満足感をもつことができるようになった。

3.2　マーケティングへの影響

　このような消費者のネット・コミュニケーションの変化は当然ながらマーケティングへの影響を及ぼす。コミュニティ型のネットコミュニケーションによって生まれる消費者間の関係は，ブランド・コミュニティとも呼ばれ，企業にとってポジティブな口コミの発信源となったり，製品アイデアの情報源となったり，そのファン集団自体がブランドの価値となっている。しかし，タイムライン型のSNSの登場により，ネット上を流れる口コミに変化をもたらした。

　コミュニティ型のコミュニケーションであれば，そのコミュニティで高い関心を持つ消費者が豊富な知識や経験を基に商品の評価を口コミとして発信したものが多く見られた。もちろん，高い関心をもつ消費者の評価と一般の消費者の評価と一致するとは限らず，必ずしもコミュニティでの口コミが良い宣伝効果をもたらしたとは限らない。しかし，高い関心をもつ消費者同士のコミュニティは，自身の自負心をかけて投稿がなされるため，間違った情報が流された

り無責任な評価がされることは少ない。そのため信頼できるコミュニティも数多く存在していた。一方で，今日ではタイムライン型のコミュニケーションにおいて関心の低い消費者や経験の浅い消費者が，それほど商品を使用せずに瞬間的な反応で口コミをつぶやいたり，誤った情報を拡散してしまうことがよくある。消費者にとってはネット上の口コミの信ぴょう性が低くなった時代ともいえるが，企業にとっては根も葉もない口コミがいとも簡単に世の中に流れてしまうような状況が生まれている。ただし，製品アイデアの情報源としては，コミュニティ型のコミュニケーションでは，従来は高い関心をもつ消費者の意見やニーズが中心であったのに対し，タイムライン型のコミュニケーションでは低い関心をもつユーザーの意見やニーズを汲み取ることができるというメリットがある。

　また，タイムライン型のコミュニケーションでは，その製品に関する情報だけでなく，その製品を使うユーザーが他にどのような製品やサービスを使っているのか，どのような日常生活を送っているかを同時に発信している。そのような生活情報は製品開発の情報源としても活用できるであろう。

　最後に，コミュニティ型のネットコミュニケーションは，関心の高いファン的なユーザーが製品やブランドに対する想いを熱く語り，それがこれからその製品を購入しようとしている消費者に対して製品の機能や性能以外の情緒的な魅力を伝えるメディアとなっていた。しかし，一方でタイムライン型のSNSの成長と同時にコミュニティ型のコミュニケーションが減少しているということは，コミュニティがもつファン集団としての機能が減少していることを意味している。一部のメーカーは，近年自社のサイトでコミュニティを立ち上げ，ファン同士の会話を促進しようとしているが充分に上手く機能しているとはいい難い。SNSを含めたネット上やさらにはオフラインでのイベントなどコミュニケーションの場を設け，ユーザー同士の会話をいかに盛り上げるかということが今後のマーケターの課題となるであろう。

4　おわりに

　当初は，製品やネットでのコミュニケーションへの関心が高い人々だけのや

りとりであったモノが，今やほとんどの人がアプリを起動するだけで簡単に製品の感想や不満を発信することができ，また製品名を検索欄に入れるだけでその製品の評判を知ることができる。近年のSNSは消費者にとっては便利なツールのようにも見えるが問題も存在する。1つは先にも述べたように誤情報の拡散である。コミュニティ型のやりとりでは間違った情報は誰かが指摘することにより修正がなされたが，SNS上では誤った情報が拡散されるとその情報が一人歩きしてしまう。また一度拡散された誤情報を修正するのは難しく，完全に消去するのも困難である。

　もうひとつはSNS上での消費者同士の攻撃的行動である。SNSではしばしば他人を攻撃したり中傷したりする行為が行われる。製品やブランドをめぐっても，同じブランドやアーティストを応援するファン同士であるにも関わらず個人への誹謗や中傷が行われるという社会的な問題も生まれている。またこのことは社会的な問題であるだけで無く，マーケティングとしても自社のファンが個人攻撃をするということは，ブランドイメージを損ねる原因にもなろう。インターネットが普及し始めて以降，我々はその便利さや新たに生まれる関係や価値といったポジティブな側面に強く目を向けてきた。今後は，ネットが消費者やマーケティング，さらには社会に対してもたらすマイナスの側面も充分に考えていかね場ならない。一方，情報技術のさらなる進歩によって，消費者同士のネット上でのコミュニケーションは，今後も数年単位で大きく変化していくと思われる。同時にネット上での消費者行動も多様に変化するであろう。消費者のネットコミュニケーションの特徴はどのように変化するのであろうか。本章で取りあげた視点と比較することで，その時代の特徴を考えてみて欲しい。

■さらに学びたい方へ

池田謙一 編（1997）『ネットワーキング・コミュニティ』東京大学出版会

石井淳蔵, 厚美尚武 編（2002）『インターネット社会のマーケティング』有斐閣

池尾恭一 編（2003）『ネット・コミュニティのマーケティング戦略』有斐閣

これらの書籍はネット上でのコミュニケーションが普及し始めた頃のネットユーザーの意識やマーケティングについて論じられたものである。本章で述べたタイムライン型のコミュニケーションやそこでのマーケティングとの違いを考えながら読んでみて欲しい。

第5章

デジタル社会のファンマーケティング：
ヤッホーブルーイングのファン創造

1　はじめに

　本章では，株式会社ヤッホーブルーイング（以下，ヤッホー）の事例を通じて，ブランドのファンを基盤としてマーケティングの諸施策を実施しファンの力を最大限活用するマーケティング手法（以下，ファンマーケティング）のあり方と可能性について検討する。ヤッホーのファンマーケティングは顧客のエンゲージメント（関与，愛着）を高めた成功事例として注目されており，「コトラーアワードジャパン 2018」では最優秀賞を受賞した。受賞時の評価コメントには「イベントとSNSを駆使したマーケティング活動を展開し，熱量の高いファンの形成とともにビジネス上の高い成果をあげている」とあり，ファンマーケティングを学ぶうえでヤッホーは格好の教材である。

2　ヤッホーブルーイングのマーケティング

2.1　企業の沿革と現況

　ヤッホーは，1996年に設立された，長野県軽井沢町に本社を置くクラフトビール（地ビール）メーカーである。当初は地ビールブームのさなかで好調であったが，ブームが去ると業績は落ち込んだ。そんな中，営業責任者であった井手直行氏（現・代表取締役社長）は，楽天市場におけるネットショップ経営からヒントをつかむ。井手氏は，表面的なサイトのデザインよりも，そこにし

かない個性や自分らしい振る舞いが重要であることを理解した。そこで，サイトの中の商品説明を刷新し，味や開発ストーリーを細かく紹介する方針に改めた。また，顧客に配信するメルマガを，単なるセール告知やクーポン配布のツールとしてではなく，ビールのうんちくや醸造設備の説明，さらにはビールに無関係な井手氏自身の日常の出来事の紹介など，企業と顧客とが人間同士として交流を図る手段として活用するようにした。これがきっかけとなりヤッホーの売上は上昇に転じて成長軌道に乗り，楽天からも表彰されるなど一躍注目企業になった。楽天市場内でのネット通販は，ヤッホーのマーケティングの原点である。

　2006年にはコンビニエンスストアへ販路を広げ，さらなる業容拡大への足がかりとした。当初はスポットでの取り扱いの打診に過ぎなかったが，2013年にはローソン本部が各店舗に推薦する商品としてヤッホーの主力ブランド「よなよなエール」が採用され，2015年には必ず商品棚に置かなければならないブランドに昇格した。

　ヤッホーは2018年11月期まで14年連続で増収・増益を続け，今日では日本で約400社存在するクラフトビールメーカーの中でトップ企業である。ただし，日本のビール市場は大手4社がほとんどのシェアを占め，クラフトビールメーカーのシェアは合計でも1％程度である。井手氏自身が「日本のビール市場の中の1％を獲りたい」と繰り返し述べていることからも分かる通り，ヤッホーは今のところビール市場ではマーケット・ニッチャーである。

2.2　企業ミッションと企業文化

　ヤッホーの企業ミッションは以下の通りである。「ビールに味を！　人生に幸せを！　画一的な味しかなかった日本のビール市場にバラエティを提供し，新たなビール文化を創出することでビールファンにささやかな幸せをお届けしたい」。新たなビール文化の創出という企業ミッションは，2.5で述べるヤッホーのプロモーション活動の中にも色濃く反映されている。

　ヤッホーには，「顧客は友人，社員は家族」という考えのもと，社員同士がニックネームで呼び合う文化があり，またネット通販サイトなどでは社員のニックネームと写真が多く掲載され，顧客に親近感を与えるよう自己開示の方

図表5-1　コトラーアワードジャパン2018授賞式（人物は井手氏）

出所：ヤッホーブルーイング

針が徹底されている。部署名も，例えば広報は「よなよなエール広め隊」，通販営業なら「ｉ通販団」といったように，遊び心に満ちている。

　ヤッホーは自身のことを「知的な変わり者」の集団と定義している。ヤッホーはこれまで様々な賞の受賞歴があるが，それらの表彰式には井手氏が仮装をして登壇するのが恒例である（図表5-1）。一見非常識に映るかもしれないが，井手氏によれば「これも我々のような小さい会社が効果的にメディア露出や口コミを広げる超戦略的な行動の一つ」である。

2.3　個性的な製品とマルチ・ブランド

　日本の大手メーカーが爽快なのどごしのラガービールを販売する中，ヤッホーは豊かな香りと味わい深さを特徴とするエールビールの専門メーカーである。ヤッホーは，「よなよなエール」，「水曜日のネコ」，「インドの青鬼」，「東京ブラック」の定番4品の他に，ローソン限定の「僕ビール，君ビール。」シリーズ，軽井沢地域限定で販売される「軽井沢高原ビール」シリーズ，鰹節などユニークな原材料を用いた「前略 好みなんて聞いてないぜSORRY」シリーズなど，多様でユニークなブランドを手掛けている。缶入り350mlで1本250〜300円程度であり大手メーカーのビールより若干高めだが，小規模な醸造所

図表5-2　ヤッホーの代表的製品

左：よなよなエール／中：水曜日のネコ／右：僕ビール，君ビール。

出所：ヤッホーブルーイング

のクラフトビールが一般的には瓶入りで300〜700円程度であることと比べればそれほど高価格ではない。

　パッケージに関してもヤッホーの製品は特徴的である（図表5-2）。例えば「よなよなエール」では，夜空を表現する黒色がパッケージの多くの面積を占めているが，黒ビール以外のパッケージに黒を多く使用することは珍しい。他にも，猫の絵と水色のベースカラーがユニークな「水曜日のネコ」，イメージキャラクターのカエルのイラストが一貫して採用されている「僕ビール，君ビール。」シリーズなどは，一目ではビールと分からないほどポップな印象を与える。このようにヤッホーの製品には，突出した個性を追求し，万人受けを目指さず，他社が躊躇することをやるという姿勢が現れている。ヤッホーのマルチ・ブランド戦略は，多様性を通じて市場を広くカバーするというよりもむしろ，徹底して差別化を追求した結果である。

2.4　多層的な販売チャネル

　販路については，スーパーやコンビニなど実店舗向けが出荷金額で約75％を占めており，首都圏ではスーパーへの配荷率は7割近い。次に多いのが，自社ECサイトの「よなよなの里 本店」，楽天市場内の「よなよなの里 楽天市場店」

などのネット通販で約15％，他は，飲食店向けの業務用販路やアメリカ，台湾など海外への輸出である。販路の広がりは，軽井沢地域のアイデンティティを大切にしながらも，クラフトビールにありがちな地域特産品ではなく全国市場への展開をヤッホーが志向していることを示す。

　ヤッホーは，多層的な販売接点を通じて顧客との関係性の深化を図っている。

　まず，顧客がヤッホーの製品を初めて購入する場としては，コンビニやスーパー，一般の飲食店での偶然の出会いが想定される。そこで気に入った顧客は，製品を反復購買するようになるとともに，ネットでも注文購入するようになるかもしれない。ヤッホーにとって，ネット通販は個々の顧客と関係を構築する重要な接点である。すなわち，一般の小売店や飲食店への物流は専門業者へ業務委託する一方で，ネット通販にかかわる物流業務は社内の物流部門「ハッピーお届け隊」が担当し，商品の梱包から発送までを自社で行う。例えば梱包に関して，定番4品が詰め合わされた「お試しセット」は，外観は普通の段ボール箱だが，内側にそれぞれのブランドに関連するイラストなどが描かれ，箱を開けると驚きが得られる。また，「父の日ギフト」は，箱を開けるとメッセージが飛び出す限定仕様である（図表5-3）。さらに，ネット通販の顧客対応部門「おもいやり隊」には顧客満足度アップチームがあり，誕生日にはプレゼントを贈ったり，クレームを受けた場合にはお詫びの品を送ったりするなど，さまざまな個別対応が可能になっている。これらの取り組みを通じてネット通販での製品購入が印象的な体験に引き上げられ，さらにその体験がSNSなどで

図表5-3　父の日ギフト

出所：ヤッホーブルーイング

シェアされれば他の顧客との接点になる。

　公式ビアレストラン「よなよなビアワークス」もまた，顧客との重要な接点である。公式ビアレストランでは，ヤッホーの各種製品が提供されるほか期間限定品の先行販売も行われ，2013年に1号店を出店してから2018年までに都内に8店舗を展開している。実際の店舗運営は飲食店経営の専門企業であるワンダーテーブルへ委託しているが，ヤッホーは，店舗スタッフを醸造所に招待したり，新製品の特徴や名前の由来などをミーティングや面談で伝えたりすることで，知識の共有を図っている。公式ビアレストランは，後述の通りヤッホーが企画したプロモーションを実際に体験できる場として活用されるほか，来店客にはリーフレットなどでヤッホーが企画したイベントの開催を告知して参加へと誘導する。このように，公式ビアレストランはヤッホーの世界観をリアルに発信する場として機能する。

　これらネットとリアルの両接点からエンゲージメントをさらに高めた顧客は，会員制の定期購入サービス「ひらけ！　よなよな月の生活」を利用するかもしれない。このサービスは年間契約で3コース（2ヶ月ごとに24本，毎月24本，毎月48本）あり，いずれも通常より割安な価格で購入できる。定期購入とは言ってもヤッホーから自動的に製品が届くわけではなく，毎回顧客が自分の欲しいブランドとその本数を決めて組み合わせる仕組みであり，定期的に顧客の関与が発生する。また，サービスの利用者には会報誌が配布されるほか，限定醸造のビールや会員限定グッズを購入できる，公式ビアレストランを1割引で利用できる，醸造所見学ツアーに参加費無料で何名でも参加できる，2.6で述べるイベントの先行予約が可能となる，などの特典が提供される。定期購入の継続率は72％と高く，またサービス利用者が特典を活かして公式ビアレストランやイベントに知り合いを連れてくる傾向も高い。つまり，定期購入サービスが，顧客を単につなぎとめるだけでなくブランドの推奨者として育てることにも貢献している。

2.5　プロモーションを通じた企業ミッションの具現化

　ヤッホーは個性的な製品を多くの販路で販売するにとどまらず，企業ミッションである新たなビール文化の創出に向けてさまざまなプロモーション活動

を展開している。その一例は，2017年 5 月にヤッホーが設立した架空の協会「定時退社協会」である。協会のホームページには，「健全で文化的な定時退社を阻むあらゆる困難に立ち向かい，すべての働く人々の充実した終業後時間の創出と，労働・私生活の均衡維持に資して」というように理念がもっともらしく掲げられ，活動の一環として，ホワイトボードの早消しやメールの早打ちといった技を磨く「定時退社訓練」が実施された。当初はあくまでSNSキャンペーンのためのフィクションに過ぎなかったが，経済産業省によるプレミアムフライデーのキャンペーンと軌を一にしたことから，一般紙でも取り上げられ注目を集めた。

　別の例では，2018年 8 月から実施されたプロジェクト「チーム"ビール"ディング」がある。これは，チームづくりという意味のチームビルディングとビールを掛け合わせた造語で，「自由な飲み会を通じて，会社関係の飲み会の課題を，まじめに，楽しく解決するプロジェクト」である。この企画を推進するため 2 つのプロダクトが開発された。一つは，扇風機が背もたれに取り付けられた椅子「先輩風壱号」である。この椅子に装備されたAIが，飲み会での会話の内容や話の長さ，声のトーンなどを分析し，自身の手柄話や押しつけがましい助言などのいわゆる"先輩風"を感知した際に扇風機が回転して風を吹かせる。これによって先輩に気付きを促して，よりフラットな飲み会を実現するというコンセプトである。このプロダクトは公式ビアレストランに導入されて実際に体験することができた。もう一つはコースター型のカードゲーム「無礼講ースター」である。コースターには仕事とは無関係なトークテーマが書かれており，参加者はゲームを楽しみながら仲間の意外な一面を知ることができる。こちらは公式ビアレストランへの導入に加え，数量限定で一般向け販売も実施された。10月からは「出張！チーム"ビール"ディング by よなよなエール」と銘打ち，ヤッホーの社員が他の企業の飲み会に参加して上下関係のないチームづくりを支援するというプログラムも展開された。

　これらのプロモーションは，企画立ち上げの段階からネットでの情報拡散が強く企図され，YouTubeのヤッホー公式チャンネルやSNSを通じて配信されている。事実，YouTubeで公開されたWebムービー「先輩風壱号」は公開 1 週間で150万再生を突破するなど，拡散性の高いコンテンツである（図表 5 - 4 ）。

図表5-4　ヤッホーのYouTube公式チャンネル

https://www.youtube.com/channel/UCO1WDLOiH8paCIcImR7sDYg

2.6　リアルの場における顧客との交流

　ヤッホーは顧客のエンゲージメントを高めるために，顧客とのリアルな交流を重視する。その一例は，2010年より毎年開催している「大人の醸造所見学ツアー」である。このツアーは2018年には34日程開催され，これまでに累計で1万人以上が参加した。完全予約制で，先に述べた定期購入サービスの利用者以外は1,000円の参加費が必要となる。ツアーの冒頭には，ビールの原材料となる麦芽，ホップ，酵母，水の役割についてスタッフが解説し，見学者は実物を手に取ってホップの香りをかいだり実際に麦芽を食べ比べたりできる。醸造所内にはガラスで区切られた見学用の通路はなく，立ちこめる蒸気や発酵中のビールの香りなどを直接感じたり，タンクから直接注がれる熟成中のビールを試飲したりできる。参加者の満足度は2018年時点で95％（7段階評価の上位2段階の合計値）と高い。

　イベント「よなよなエールの宴（うたげ）」・「よなよなエールの超宴（ちょううたげ）」（以下，宴・超宴）もまた，顧客との交流を図る場として重要である。ヤッホーは2010年からビアパブなどで開催される宴を，2015年からは規模を拡大した屋外イベントの超宴を開催している。初回の宴は参加者が10数名程度であったが，2015年の超宴は北軽井沢のキャンプ場を会場として来場者500人，2018年に東京台場の特設会場で開催された超宴は約5,000名の来場者を集めた（図表5-5）。この2018年の超宴の入場料は，ビールチケット4枚にグッズがついた標準的なもので4,500円であった。イベントでは公式ビアレストランをはじめ各種フードショップが出店するほか，音楽ライブやクイズ大会，ダ

図表5-5　2018年10月の超宴

出所：ヤッホーブルーイング

ンスイベント，ビールについて学ぶ体験型の講習会などが開催された。参加者の中には，ヤッホーの企業文化を自ら体現すべく仮装をする者や，自らTシャツなどのグッズを制作する者もいる。イベントでは，参加者とヤッホーの社員，さらには参加者同士が楽しみながら交流し，その場にいる人全員が一体となってヤッホー体験を作りだしている。1開催あたり数千万円単位の赤字だが，ヤッホーではこれをファンと直接触れ合うために必要な投資と捉えている。

　この宴や超宴に触発されて，ヤッホーのファンによる自主企画イベント「ファン宴」が開催されたこともある。このイベントでは，ヤッホーの社員がゲストとして招待され，宴と同様にクイズや音楽演奏が行われたほか，参加したヤッホーの社員に感謝状を贈呈するというサプライズも企画された。ファン宴は，顧客が企業からの働きかけに応じるだけでなく自らすすんで企業と一体化しようとしていることのあらわれである。

2.7　顧客とのオンライン・コミュニケーション

　新製品の発売や各種プロモーションなどに関する情報は，SNSやYouTubeで随時配信される。情報コンテンツにはユーモアや学びの要素が多く盛り込まれ，顧客が「いいね」や「リツイート」あるいは友人とシェアしたくなるよう

に綿密に設計されている。その一例として，「僕ビール，君ビール。」シリーズ発売時に展開される「全国カエル捕獲大作戦」を紹介しよう。これは，ローソンの店舗に商品が入荷していることをヤッホーの担当者が自分の目で確認し，その証拠としてイメージキャラクターのカエルの写真をTwitterにアップするというものである。当初はプロモーション・キャンペーンとして始められたものであったが，今ではヤッホーのファンたちの間でも商品の入荷を確認すると写真をアップして報告することが恒例になっており，実質的には顧客参加型イベントにまで昇華している。

　デジタルを活用した施策として，他にも「よなよナイト 今夜も飲まNIGHT」がある。これは，ヤッホーの醸造所からFacebookを通じてライブ配信される，ヤッホーの社員と一緒に飲み会をしようというコンセプトのオンライン番組である。新製品の発売時やイベント開催前などに不定期で開催され，1回あたり30分〜1時間程度配信される。番組内容は，パーソナリティとして登場するヤッホーのスタッフの雑談の他に，ヤッホーに関するクイズや視聴者からの投稿の紹介などであり，番組の最後にはその日最も輝いていた投稿を「よなよナイト賞」として表彰する。宴や超宴のようなリアルのイベントに加えてオンラインでも顧客との交流を図り，ヤッホーへの親近感を高めている。

3　熱狂を生み出すファンマーケティング

3.1　熱狂度と推奨意向

　ヤッホーでは顧客のリピート率に加えて，熱狂度と推奨意向の2つをKPI（Key Performance Indicator：重要業績評価指標）に設定している。この2つは以下の通り定義され，定期購入会員やイベントの参加者に対するアンケートによって調査されている。

　　熱狂度：「あなたにとって○○（製品名）はどのような存在ですか。あなた
　　　　　　のお気持ちに近いものをお選びください」
　　　　　　5：すっかりハマっている（夢中だ，ぞっこんだ）
　　　　　　4：愛着を感じながら商品を買っている（幸せを感じる）

3：好きで商品を買っている

2：悪くはないと思いながら商品を買っている

1：他のものを選ぶのが面倒だから商品を買っている

（1～2：熱狂度 低，3：熱狂度 中，4～5：熱狂度 高）

推奨意向：「あなたは○○（製品名）を親しい友人や家族にどの程度すすめ
　　　　　たいと思いますか。おすすめ度を0～10点からお選びください」

（0～6：批判者，7～8：中立者，9～10：推奨者）

　定期購入会員に対するアンケートでは，熱狂度が高い顧客ほど，また推奨意向の高い顧客ほど，定期購入を継続する意向が高いことが分かっている。一方で，イベントの参加者に対するアンケートでも，熱狂度・推奨意向のいずれもが高い顧客が年間の購入額が最も高く，またどちらかと言えば推奨意向よりも熱狂度の方が購入額とより強い相関があることが示されている。この結果から，ヤッホーにとって最も重要な戦略課題は，顧客のエンゲージメントを高めること，すなわち，単にブランドを知っているだけという状態を，どちらかと言えば好きである→ブランドのファンである→ブランドに熱狂しているという気持ちへと育てることであることが分かる（図表5-6）。まさに「エンゲージメントを高めることが先，売り上げは後からついてくる」のである。

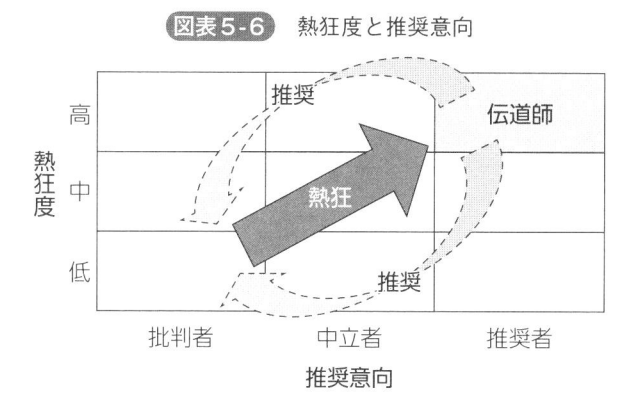

図表5-6　熱狂度と推奨意向

出所：「ファンマーケティング資料」より作成

3.2　顧客エンゲージメントの構築

　顧客のエンゲージメントを高めるためには何が必要だろうか。もちろんビールの味・香りやブランドネーム，パッケージなどを含めて製品を好きになってもらうことは最低条件だが，それだけでは不十分である。顧客がヤッホーのスタッフや企業文化を好きになり，ヤッホーやそのファンとの交流を深めるにつれて，エンゲージメントは徐々に高まり，最終的には，ヤッホーの掲げるミッションに共感し，ヤッホーと価値観を共有する自分自身を好きになって初めて，ブランドへの熱狂が生まれる。序章で紹介したコトラーは，価値主導のマーケティング，つまり「企業のミッションやビジョンや価値に組み込まれた意味をマーケティングする」（コトラー他，2010）ことが重要だと述べ，また「最も高いレベルで活動する企業やブランドは，顧客と個人的なエンゲージメントを築き，顧客に自己実現の手段を与える」（コトラー他，2017）と主張した。ヤッホーの事例は，価値主導のマーケティングこそが顧客エンゲージメントの構築に寄与することを示している。

　またヤッホーの事例では，顧客参加が重要な役割を果たしている。第1に，顧客は単にヤッホーから提供される製品や発信されるプロモーション・コンテンツを単に受動的に受け取るのみならず，イベントに参加するなどして主体的に行動し，ヤッホーとともに体験を創出する。第2に，ヤッホーのマーケティングでは，顧客がSNSを通じてコンテンツを拡散することが強く意識されており，このような推奨行動を通じて顧客の間で価値が広く共有される。序章でも述べた通り，今日においては企業と顧客による価値の共創が重要なマーケティング課題であるが，ヤッホーの事例は，顧客のエンゲージメントを高めて熱狂的なファンを育てることが，同時に価値共創の担い手を育てることにつながることを示唆している。

　さらにヤッホーの事例では，顧客のエンゲージメントの程度に応じて，そのエンゲージメントを次の段階へと引き上げるための施策が準備されていることが興味深い（図表5-7）。例えば，ブランド認知を高めるためにはより多くの小売店や飲食店への配荷が有効だが，それだけでは次の好意の段階へとエンゲージメントを育てることができない。認知から好意への移行には，製品の差別化がより重要な意味を持つ。しかしながら，単に製品がユニークなだけでは

図表5-7　ファンマーケティングと顧客エンゲージメント

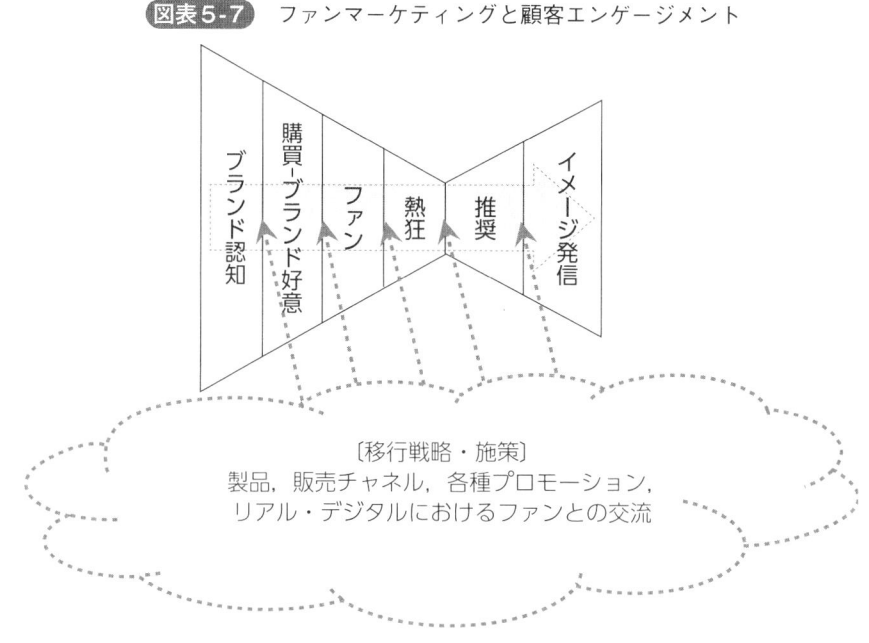

出所：稲垣（2018）を参考に筆者作成

好意から次のファンの段階への移行は期待できず，顧客にヤッホーを身近な友人として認めてもらえるようなさらなる施策が必要となる。さらに熱狂の段階にまで引き上げるためには，例えば宴や超宴のような体験型のイベントが欠かせない。ヤッホーのファンマーケティングの手法は，リアルとデジタルの様々な施策を駆使して顧客のエンゲージメントを高め，推奨行動やイメージ発信を促す仕掛けであると評価できる。

4　おわりに

　本章の結びとして，ヤッホーの事例の要点を3点にまとめよう。第1に，ヤッホーの事例は価値主導のマーケティングである。顧客のエンゲージメントを高めて熱狂を生み出すには，単に製品に対する愛顧を獲得するのみならず，人や組織に対する親近感を得て，さらには顧客と価値観を共有することが不可

欠であり，そのことが結果的に企業に売り上げをもたらす。第2に，ヤッホーの事例における熱狂的なファンの育成は，価値共創という観点から極めて重要な意義をもつ。価値は企業のみによって創造されるわけではない。企業は価値の提案者の1人に過ぎず，企業と顧客との協働を通じて初めて価値が共創される。ファンマーケティングは，企業と顧客との協働を活性化してより大きな価値を共創するための有効な手法の一つである。第3に，コンテンツ・マーケティングのあり方についてヤッホーの事例は示唆に富む。今日では多くの人がSNSを利用しており，面白いコンテンツを配信すれば顧客の口コミが広がって多くのファンを獲得できると安易に考えられがちだが，ヤッホーの事例はそれにとどまらない。ヤッホーのファンマーケティングでは，顧客のエンゲージメントの度合いに応じて多様な施策を組み合わせ，リアルとデジタルの両面から多層的に顧客と接触することで，エンゲージメントをより高い水準へと引き上げている。

　最後に，ファンマーケティングの手法の限界について指摘したい。ファンマーケティングにおいては，顧客のエンゲージメントを高めて熱狂を作り出すことがその成否のカギを握るが，人は万人受けするブランドに対して熱狂することはまれである。したがって，大きな市場シェアを獲得しようとすればするほど，そのブランドがファンマーケティングを成功裏に展開することが難しくなる。ヤッホーの手掛けるエールビールの味や香りも，ヤッホーの展開する各種プロモーション施策も，必ずしも全ての顧客を惹きつけはしない。ヤッホーのファンマーケティングは，マーケット・ニッチャーとして「シェア1％」という明確な目標を設定し，その達成に向けて必要な手段を戦略的に取捨選択した結果なのである。

■さらに学びたい方へ

佐藤尚之（2018）『ファンベース：支持され，愛され，長く売れ続けるために』筑摩書房

「ファンベース」（ファンを大切にし，ファンをベースにして，中長期的に売り上げや価値を上げていく考え方）の重要性を理解できる。本章で取り上げたヤッホーを含む多くの事例が紹介されている。

ゾーイ・フラード＝ブラナー，アーロン・M・グレイザー 著，関美和 訳（2017）『ファンダム・レボリューション：SNS時代の新たな熱狂』早川書房（Zoe Fraade-Blanar, and Aaron M. Glazer (2017) *Superfandom: How Our Obsessions Are Changing What We Buy and Who We Are*, W. W. Norton & Company）

いわゆる"オタク"にも通じるようなファンの心理の本質を理解する上でも，また彼らの熱狂的な行動に対して企業がどのように向き合うべきかを考える上でも，多くの示唆に富む本。

第6章

デジタル社会の流通：
コスモス・ベリーズの生活プラットフォーム創造

1　はじめに

　本書と本章のテーマに沿って，「デジタル社会と流通」に思いを巡らせるとき，読者の皆さんには，どのようなイメージが湧くであろうか。今日では，いわゆる「ネット通販」のイメージが，強いに違いない。そのインパクトは非常に大きく，流通論のテキストに出てくる各種の小売業態を歴史の1ページに押し込んでゆく，という印象さえ持たれるかもしれない。

　一方で，高齢化が進展する日本社会において，ネット通販のしくみは増えゆく高齢者にとって優しいものなのか，という疑問も残る。もちろん，これから世代交代が進むと，インターネットやスマートフォンに若い頃から馴染んでいた高齢者の比率は高まるから，流通に関する大抵の問題はネット通販で片付く日が来るかもしれない。しかしそれまでの間，デジタル社会の到来は，高齢者が接する流通のしくみを改善できないのであろうか。

　本章が取り上げるコスモス・ベリーズ株式会社（名古屋市）は，家電を主力商品とするVC（Voluntary Chain：ボランタリーチェーン）を主宰している。

　後述のように，家電流通においては高度成長期まで，メーカーを中心とした系列化が進み，その後は量販店が台頭し，VCはきわめて影の薄い存在であった。その中でコスモス・ベリーズのVCは，加盟店をこの10年ほどで大きく増やし，総店舗数は全国で1万を超えるまでに成長したのである。

　コスモス・ベリーズに関して注目すべきは，加盟店数の急成長だけではない。

　それを支えるしくみとして，加盟店へのタブレット端末の導入をはじめとするデジタルマーケティングの手法が駆使されている。また最近では，加盟店を中心として近隣の異業種店舗との交流を深めることで，「お困りごと解決」，つまりソリューション，あるいは生活全般を支える一種のプラットフォームを消費者に提供しようとしている。高齢社会の到来に伴い，いわゆる「買い物弱者」の存在に焦点が当たり，問題の解決が迫られている。買い物弱者の大半は高齢者と考えられ，デジタル社会やデジタルマーケティングとは無縁にも見える。

　しかし，コスモス・ベリーズの取り組みは，デジタルマーケティングが高齢者を救い，結果として買い物弱者対策に貢献しうるケースである。

2　コスモス・ベリーズのVCのしくみ

2.1　基礎知識としてのチェーンストア方式

　コスモス・ベリーズは，「ベリーズ・フレンド・チェーン」の名称でVCを主宰している。本章はそのケースの紹介と分析を目的とするが，その前にチェーンストア方式について説明し，その中でVCの意味合いを明確にしておきたい。チェーンストアというと，イオンのようなスーパーマーケットや，セブン－イレブンのようなコンビニエンスストアがすぐにイメージでき，身近な存在であるが，VCはこれらとは種類が異なるチェーンストア方式である。

　わが国では正直にいうとあまり目立たない形態であり，近所にVCの店舗，例えば食品スーパーの「全日食チェーン」や山崎製パンが主宰する「ヤマザキショップ」があっても，他のチェーンストア方式との違いまでは気が付きにくいであろう。

　最初に，チェーンストアの定義を確認しておこう。チェーンストアとは，形態が同じかもしくは類似した店舗を複数展開するにあたって「店舗で行われる諸業務を二分し，販売業務は各店舗で行い，それ以外の業務や店舗管理を全て本部が担当するという経営形態」（日本流通学会，2006）のことである。

　チェーンストアには，多数の店舗を単一の資本が直営で展開するRC（Regular Chain：レギュラーチェーン），複数の資本によるチェーン組織であるFC

図表6-1　チェーンストア方式の主な形態

名　称	特　徴
RC （レギュラーチェーン）	・各店舗は本部直営。 ・高度の集中仕入れ・店舗運営の標準化が可能。 ・多店舗展開には大きな投資が必要になる。 ・柔軟性が低く、地域ごとの細かなニーズへの対応が不十分になる場合がある。
FC （フランチャイズチェーン）	・本部がフランチャイザー（franchiser）となって、加盟店（franchisee：フランチャイジー）との間に契約を結ぶ。 ・本部が加盟店の経営を強く統制することで、RCと同様に仕入れの集中化と店舗運営の標準化を実現。 ・本部にとって多店舗展開のための投資が少額で済む。 ・加盟店の自主性は制限され、加盟店の意向が本部の意思決定に十分反映されない恐れがある。
VC （ボランタリーチェーン）	・独立資本の事業者が自主性を保ったまま、仕入れの共同化や販売促進・人材育成・情報化などの協業化を図る。 ・卸またはメーカー主宰のものと小売主宰のものに分類され、特に後者はコーペラティブチェーン（cooperative chain）と呼ばれる。 ・各店舗の独立性が高く、地域ごとの細かなニーズに柔軟に対応できる。 ・統一的な管理が難しく、チェーン化のメリットを十分に享受できないことがある。

出所：日本流通学会（2006）、田口（2016）、日本ボランタリーチェーン協会（2016）などをもとに筆者作成

（Franchise Chain：フランチャイズチェーン）、そしてVCの3つの形態がある。図表6-1は、それぞれの内容と特徴を整理したものである。先に触れたイオンをはじめとする大手スーパーはRC、セブン-イレブンをはじめとする大手コンビニはFCによってチェーン展開をしている。

　わが国の家電流通では、ヤマダ電機、ヨドバシカメラ、上新電機といった大手量販店はいずれもRCの大型店舗が目立つ（エディオンやベスト電器のように、FCの小型店舗がRCを補完する量販店チェーンもある）。欧米においては、VCはRCの成長への対抗策として早くから発展を遂げたことが知られており、家電でもエキスパート（スイス）やユーロニクス（オランダ）のような大

規模なVCがいくつか存在する。これに対しわが国の家電流通においては，VC
はコスモス・ベリーズが出現するまで存在感が薄かった。それはなぜか，家電
流通の歴史を紐解きながら考えてみよう。

　松下電器産業（現：パナソニック）や東京電気（現：東芝）といったメー
カーは，戦前期の1930年代から独立小売商（当時は家電製品のラインナップ
自体が，電球やラジオが中心で少なかったことから「ラジオ商」などと呼ば
れていた）をチェーン化しようと試みていた。戦後，高度経済成長（1955〜73
年）と家電製品の普及・浸透を迎えて，これらメーカーは流通系列化を推し進
めた。1970年代以降，つまり高度経済成長の終わりと日本経済の成熟化と時
期を同じくして，RCの量販店が台頭した。量販店チェーンの間の競争は激し
く，主要なプレイヤーはたびたび入れ替わったが，現在では先に触れたような
全国チェーンによる上位集中の傾向が強い。このように，家電流通においては，
メーカーから量販店へと主導権が顕著にシフトした。その間で，VC組織化の
試みは1960年代から70年代にかけて散発的に試みられたが，特にメーカーの系
列店政策からすればVCがタブー視されたこともあり，大きな成果をあげられ
なかったのである。

2.2　コスモス・ベリーズ成長の軌跡

　このように，家電流通の中でVCの立場は圧倒的に弱かったが，コスモス・
ベリーズは，図表6-2にあるように加盟店の総店舗数を大幅に増やし，急成
長を遂げた。総店舗数は，大手量販店であるヤマダ電機の傘下に収まった2005
年は121であったが，2014年には1万を超えた。既存加盟店へのサービスを強
化するため，2015年には新規加盟の受付を中止したが，翌年には再開し，2020
年度に総加盟店舗数2万を目指している。

　それでは，コスモス・ベリーズはどのようにして，急成長を達成してきたの
か。図表6-3の年表に沿ってコスモス・ベリーズのこれまでの事業展開をた
どり，謎を解いていきたい。

　コスモス・ベリーズの前身は，中島武則が設立した「豊栄家電」である。愛
知県瀬戸市で松下電器の系列店（当時の「ナショナル・ショップ」）「中島電
器」を経営していた中島は，早くから家電小売店の協業に興味をもった。しか

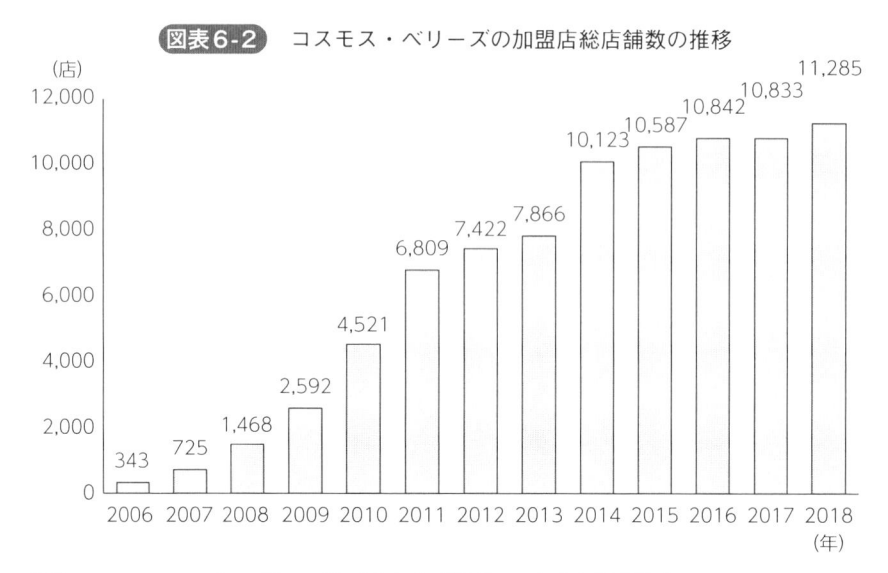

図表6-2 コスモス・ベリーズの加盟店総店舗数の推移

出所：コスモス・ベリーズウェブサイトおよび提供データより筆者作成

　し，家電流通におけるVC組織は，当時絶頂期にあったメーカーの系列店政策と対立しやすく，一方で加盟店の統制が取りにくいという2つの弱点は明らかであった。そこから，地域をより限定して加盟店間の強固な結びつきを可能にするような協業組織が必要だと考え，1971年に新たなVC組織を4社で設立した。翌年以降に社名・店舗名を「豊栄家電」に，1991年には店舗名を「ベリーズホーエー」に改めた。最盛期には東海4県で56社（106店舗）の規模にまで成長した。

　豊栄家電にとって大きな転機となったのが，1999年に三浦一光（現：コスモス・ベリーズ代表取締役会長）を代表取締役社長として迎えたことである。三浦はもとは松下電器の量販店向け営業の責任者であり，1967年から10余年にわたり名古屋営業所に勤務して中島とも関係が深かった。三浦は1990年代のメーカーによる系列店政策の崩壊と地域店の衰退の様子に胸を痛めるとともに，松下電器の創業者・松下幸之助がかつて系列店と目指した「お得意先の電気係になろう」という理念を自分でも実践したいという思いから，中島の社長就任の要請に応じた。そして2003年に，新たなVC「ベリーズ・フレンド・チェーン」

図表6-3 コスモス・ベリーズの事業展開

1971年	愛知県のナショナル・ショップ４社で豊栄家電を設立
1991年	店舗名を「ベリーズホーエー」に改める
1999年	三浦一光氏が豊栄家電社長に就任
2003年	現在のチェーン展開の基礎であるVC組織「BFC（ベリーズ・フレンド・チェーン）」を開始
2005年４月	パソコン関連などの商品供給に関してヤマダ電機と業務提携
2005年12月	事業分割方式により，コスモス・ベリーズ㈱設立（資本金１億円）ヤマダ電機51％：豊栄家電49％
2007年	加盟店への情報配信システム「BFC.Net」スタート
2008年	ヤマダ電機の完全子会社となる
2011年	「プラットフォーム」戦略元年　業種を超えた協業事業へ本格的に着手
2012年	加盟店によるヤマダ電機テックランドでの特別招待会を全国展開
2013年	会員交流サイト「文殊の知恵」スタート
	三浦氏が日本ボランタリーチェーン協会の理事に就任（2017年〜副会長）
	ヤマダ電機店舗での直取りシステムスタート
2014年	加盟店の総店舗数が10,000店を越える
2015年	全加盟店にタブレット端末「ふれあいPad」を提供（設立10周年記念事業）
2015年７月	既存の加盟店へのサービスを強化するため，新規加盟受付の一時停止を発表
2016年１月	新規加盟受付を再開

出所：コスモス・ベリーズ資料．清水（2011），西村（2019）などをもとに筆者作成

を立ち上げた。ベリーズ・フレンド・チェーンは，従来のベリーズホーエー・チェーンと比べて加盟店の独立性を高く設定し，これによって加盟店が，顧客の多様かつ個別のニーズに対応した「電気係」になることを支援するしくみである。

　この時期に豊栄家電は，地域店（加盟店）と量販店の共生に向けて，大手量販店との業務提携を模索・打診していた。同じ時期，ヤマダ電機も500〜1,000㎡規模の小型店「コスモスヤマダDK」のFC展開に着手し，大型店が取りこぼしていた商圏にも入って新たな成長の機会を捉えようとしていた。豊栄家電からの業務提携の打診は，ヤマダ電機にとってもまさに渡りに船であった。2005年４月の業務提携に始まった両者の関係は，12月に共同出資でのコスモス・ベリーズの設立，さらに2008年のヤマダ電機によるコスモス・ベリーズの完全子

会社化へと発展する。

　のちにみるとおり，コスモス・ベリーズは地域店がヤマダ電機のインフラを自由に利用できるしくみを提供することで，量販店と地域店の共生の実現を目標とした。ベリーズ・フレンド・チェーンは当初は東海地区のみの展開であったが，2006年以降はそのネットワークを全国に拡大するとともに，加盟店の業種を電器店のみならず燃料店，工事店などへと広げ，その理念を顧客の「電気係」から「お困りごと解決係」へと発展させている。加盟金が10万円，月会費が1万円と「ローハードル・ローリスク・ローコスト」で，VCゆえの柔軟性を確保していることも大きい。2018年12月末現在，コスモス・ベリーズの加盟社数は3,813，総店舗数は11,285，加盟業種は84業種に達している。その中でいわゆる電器店は加盟店数で約4割，総店舗数では2割を切る。地域の電器店が衰退の一途をたどっている中でコスモス・ベリーズが加盟店を増やしている理由は，このように「家電製品を扱ってこなかった業種でも，家電製品を扱えるようになる」ことにある。

2.3　ヤマダ電機の商品在庫・サービスの利用

　コスモス・ベリーズがヤマダ電機の子会社となっていることは，加盟店にど

図表6-4　コスモス・ベリーズのVCにおける家電流通のしくみ

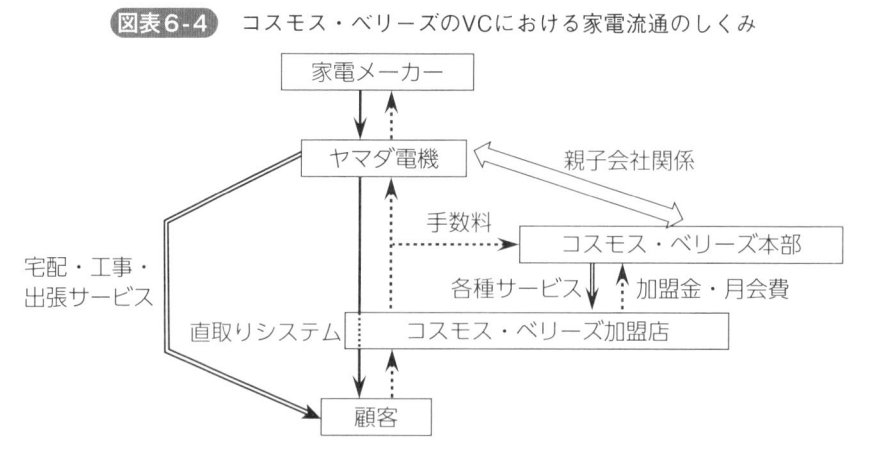

注：➡は商品の流れ，⇒はサービスの流れ，┅▶は代金および手数料の流れを示す。
出所：山田（2015）p.193および大内・髙橋（2017）p.298より筆者作成

のようなメリットを与えているのだろうか。いいかえれば，先にみた「地域店がヤマダ電機のインフラを自由に利用できるしくみ」「量販店と地域店の共生」は，どのように具体化しているのであろうか。図表6-4に沿って説明していこう。

　加盟店は，近隣にあるヤマダ電機の店舗にある商品在庫を仕入れて，自らの顧客に販売できる。つまり，加盟店がヤマダ電機の店舗在庫を情報システムで確認し，直接引き取ることができ，これは「直取りシステム」と呼ばれている。

　顧客から加盟店に入った注文に対応し，加盟店はすぐにヤマダ電機の店頭にある商品を顧客まで配送することができる。

　また，加盟店が顧客をヤマダ電機の店舗まで送迎し，加盟店が商品について説明した上で購入を促すことも可能である。これをさらに大掛かりにし，加盟店が日時を設定した上で，多数の顧客をヤマダ電機の店舗に招いて「テックランド特別招待会」を開催することもできる（図表6-5）。ここで「テックランド」とは，ヤマダ電機の標準型大型店舗（売場面積3,000㎡規模）を指し，加盟店がヤマダ電機の店頭で直接，販売促進活動をできるのである。加盟店から

図表6-5　コスモス・ベリーズ加盟店による「テックランド特別招待会」

注：ヤマダ電機の店内で，「STAFF」の字が入ったビブス（ベスト）を着て接客しているのは，ヤマダ電機ではなくコスモス・ベリーズ加盟店の従業員である。
出所：コスモス・ベリーズ提供

すれば「月1万円の会費で，3,000㎡のショールーム（あるいは在庫管理された倉庫）を借りたようなもの」である。こうして，加盟店は家電等の取扱品目を飛躍的に増やすことができ，ヤマダ電機の宅配・工事・出張修理サービスも利用できる。

3　コスモス・ベリーズのデジタル対応とソリューション提供

3.1　タブレット端末の活用によるデジタル対応

　コスモス・ベリーズが電器店以外の加盟店を増やし，様々な業種の店舗が家電製品を扱えるようになることは，どのような意義をもちうるか。本書のテーマであるデジタルマーケティングの観点から検討してみよう。

　コスモス・ベリーズの加盟店総店舗数は，前述のように2万店を目標としている。つまり，総店舗数が現在の倍になったとしても，現在と同じサービスを加盟店に保証することが，本部の役割となる。一方で，本部社員の数は60人を上限としており，今後も増やす予定はない。そもそも本部には，加盟店を巡回セールスするような営業担当の社員はいない。加盟店の増加に伴う本部の業務量の増加を，これまでも今後も補っていくのは情報システムである。

　その情報システムの，加盟店側の端末は従来はパソコンであった。そこに，2015年の設立10周年を記念して本部が加盟店に1台ずつ配布したのが，タブレット端末「ふれあいPad」である。加盟店は，追加ID（月額利用料800円）を取得すると，「ふれあい会員」に加入したことになり，加盟店専用サイトを利用できる。2018年7月時点で，ふれあい会員は1,907件であり，加盟店数に占めるふれあい会員加入率は39.7％である。

　ふれあいPadで，先にみた直取りシステムの利用，つまりヤマダ電機の店頭在庫の確認と注文（仕入）が，訪問先で顧客の話を聞きながらでもできることはいうまでもない。しかし，それだけではない。加盟店はふれあいPadを活用して，顧客対応を一層深化させることもできる。加盟店，特に電器店以外の業種の従業員が，これまで扱った経験のない家電の膨大な商品知識を習得するとしたら，至難の業である。しかし，ふれあいPadがあれば，画像や文字情報，さらには動画を見せながら商品を説明することが可能になるので（さらに2018

年7月には，コスモス・ベリーズ本部が作成した商品説明のオリジナル動画を，チラシに掲載されるQRコードから顧客が直接視聴できるしくみも導入された），販売促進の強力なツールになる。パソコンでも，加盟店の従業員が商品情報を閲覧することはできるが，顧客の自宅まで持参することが難しかったことはいうまでもない。ふれあいPadの「ふれあい」には，加盟店と個人顧客の間のコミュニケーション促進という意味が込められているのである。

　さらにふれあいPadは，本部と加盟店，そして加盟店相互のコミュニケーションにも活用されている。例えば，本部が提供する研修用の動画を，加盟店側で時間ができたときにいつでも見ることができる。また，加盟店同士の交流サイト「文殊の知恵」が稼働している。前述のように，本部社員には，加盟店を巡回するような営業担当者は配置されておらず，情報システムに完全に置き換えられている。それゆえ加盟店は，本部に対して不満をもっても，社員に会って直接ぶつける機会は少ない。それを本部に伝えたり，他の加盟店に相談したりすることが，交流サイトを通じて可能になっている。もちろん，より技術的な情報を交換するのにも有用である。VCにおいては，RCやFCに比べても加盟店の自発性が重要であり，加盟店の「ヨコのつながり」によってノウハウが共有されていくところに，VC自体の存在意義がある。加盟店間の相互交流を支援することは，VC本部の役割の一つであるが，そこでも情報システムの充実が鍵になる。デジタルマーケティングの一環としてタブレット端末を活用する事例は，小売店の店頭を見ても増えつつあるが，VCにおいて加盟店の相互交流にも活用するケースとして，コスモス・ベリーズは最先端を行くと考えられる。

　一方で，コスモス・ベリーズの本部は，加盟店同士が直接交流することの重要性も忘れていない。加盟店間の親睦組織「コスモス倶楽部」の設立を，全国100組織（各都道府県に平均2組織程度）を目標として促進している。

3.2　ローカルプラットフォームの構築

　コスモス・ベリーズは，加盟店が「リーダー店」となり，近隣の異業種（未加盟店を含められるので，VCの枠をも超える）との連携によって顧客の様々な「お困りごと解決」を図る「ローカルプラットフォーム事業構想」を提唱し

ている。ローカルプラットフォーム事業は，2018年9月時点で全国5ヶ所において進められている。松下幸之助が系列店政策を進めるにあたり，地域店が顧客の「電気係」になるべしという理念をもっていたことは，先に述べた。その理念を受け継いだコスモス・ベリーズは，加盟店を中心とした地域小売店が「電気係」から「お困りごと解決係」へと役割を拡充することを支援している。

　2014年に始まった福岡県南部のローカルプラットフォーム事業には，電気工事を本業とする加盟店がリーダー店となり，工務店や道路舗装業者など合計7社が参加している。2017年度の困りごと受付件数は249件というから月平均20件ほどであり，ネズミの駆除，ふすまの貼り替え，草刈り，雨漏りの修繕など，高齢の顧客からの受付が圧倒的に多い。

　香川県高松市と長野県長野市・上田市のローカルプラットフォームには，各県の高齢者支援協会が参加している。さらに高松では，高松丸亀町商店街振興組合もローカルプラットフォームに加わっている。丸亀町商店街といえば，中心市街地活性化の成功例として有名であり，商店街の再開発事業のみならず，これに合わせて高齢者のまちなか居住を推進するといったまちづくりを積極的に進めている。商店街の店舗によるローカルプラットフォームの構築は，お困りごと解決というソフト面でのまちづくりの一環と評価することができる。商店街とその近所に暮らす高齢者に，日常生活全般において困りごとを解決し，安心感を提供する，いわば「生活プラットフォーム」を創造する試みである。

4　おわりに

　最後に，コスモス・ベリーズとその加盟店がターゲットとしている高齢者を取り巻く流通上の社会問題である買い物弱者問題に触れ，コスモス・ベリーズのVCが買い物弱者対策に貢献する可能性について述べておきたい。

　買い物弱者とは「流通機能や交通網の弱体化とともに，食料品等の日常の買い物が困難な状況に置かれている人々」（経済産業省，2010）と定義され，全国で約700万人にのぼるといわれる（経済産業省，2015）。その対策は，流通政策の新たな課題とも認識される。買い物弱者になりやすいのは，運転免許や自家用車を持たない高齢者であるが，高齢化に伴って買い物弱者の数も増加傾向

が続くと見られる。

　この定義にあるように，買い物弱者問題は「食料品等の日常の買い物」，つまり生鮮三品（野菜・肉・魚）をはじめとする最寄り品（convenience goods）へのアクセスを中心に考えることが一般的である。一方で，コスモス・ベリーズが主力とする家電製品は，販売店が近所からなくなったからといって，消費者が直接，生命の危機に直面するわけではない。それでも，地域にあった中小の電器店が減っていく今日では，家電製品や消耗品（電池など）の買い物をするのが不便になり，電気関係のお困りごとの解決（修理や電球交換など）も頼めるところがないという不満を抱える消費者が，増える恐れがある。家電製品をはじめとする買回り品（shopping goods）には耐久消費財が多く，買い物に行く頻度こそ低いものの，生活必需品も少なくないのである。

　コスモス・ベリーズの加盟店の業種には，福祉・介護用品店，介護施設，医療法人（病院）の子会社など，高齢者にとって身近な企業・店舗も数多い。こうした加盟店からの情報を，前述のふれあいPadなどを活用して共有することで，買い物弱者対策にビジネスとして貢献していくことが今後期待される。

　先に見た，直取りシステムやテックランド特別招待会も，家電製品に関する買い物弱者問題の解決に貢献できる。近隣のヤマダ電機店舗までの送迎などを工夫すれば，家電量販店等での買い回りをする機会が少ない，先の買い物弱者の定義に該当するような顧客にも，店頭での買い物の楽しさを味わうきっかけを提供できるであろう。商品の宅配や修理に関しては，例えば燃料販売や電気工事を本業としている加盟店は，顧客への訪問活動の一環として自ら対応でき，コミュニケーションを深めるきっかけにできる。一方で，これら以外の業種の加盟店は，顧客の注文をヤマダ電機に取り次ぎ，ヤマダ電機の宅配・工事・出張サービスを活用する形で対応できる。さらには，加盟店が自分で解決できないようなお困りごとの相談を顧客から受けても，ローカルプラットフォームに参加する地域の異業種店に注文を取り次げれば，お困りごと解決に貢献できるのである。

　つまりコスモス・ベリーズの場合，加盟店それぞれが顧客にとっての「電気係」兼「お困りごと解決係」として，異業種の店舗・業者とも連携しつつ，顧客の状況に合わせた様々な買い物弱者対策を実行できると考えられる。これも

先に触れた生活プラットフォームの創造，それによる安心感の創出といえよう。

　それを商品知識や在庫確認といった側面からサポートしているのが，先に見たふれあいPadをはじめとする情報システムである。顧客が直接，ふれあいPadをはじめとする情報技術および機器に触るとは限らないとしても，「デジタルマーケティングが買い物弱者を救う」ケースと捉えることができる。

■さらに学びたい方へ ──────────

石原武政，竹村正明，細井謙一 編（2018）『１からの流通論』（第２版）碩学舎

　本章の内容と関連して，コスモス・ベリーズの卸としての役割が第９章「小売を支える卸」（西村順二）で，家電流通の歴史と商慣行が第12章「小売を中心とした取引慣行」（田中康仁）で，詳しく述べられている。

第7章

デジタル社会のワントゥワンマーケ ティング：Target，Amazonの顧客情報活用

1　はじめに

　今，様々な産業でデジタル化が進んでおり，デジタル化によって新たな価値創造に成功した企業が市場で有利な展開をしている。小売業も例外ではなく，デジタル化で新しい顧客体験を創出したり，日々のオペレーションを効率的にしたり，あるいはその両方でイノベーションを生み出している企業が市場をリードしている。

　小売業で様々なデジタル改革が起こっていることは，昨今，しばしば指摘されている。小売業にはデジタル改革によって生み出されるであろう大きなビジネスチャンスが広がっており，たとえばCISCOの分析によると，2017年からの3年間で世界で5,060億ドル以上になると試算されているなど，その経済価値は今後3年間で世界で5,000億ドルを越えるともいわれている。しかし，日本では実は積極的にデジタル改革に取り組んでいる小売業者はまだそれほど多くはなく，ある程度の投資は行ってはいるものの，全体の収益に対するIT投資の割合は比較的低いといわれている。IT投資比率は売り上げの約1％が目安だが，日本企業のIT投資比率は0.75であるという調査もある。小売業全体でこれまで実現したデジタル経済価値は，潜在的な経済価値のわずか15％ほどであるという指摘や，積極的に行動している小売業者はいまだ全体の4分の1にも満たず，30％は競合他社の様子を伺ったり，フォロワー戦略をとっていたりしているという指摘もある。

　そこで本章では，小売業のデジタル化がどのようなビジネスチャンスをもたらすのか，現在，小売企業では具体的にどのようにデジタル化がすすんでいるのかの事例を紹介しながら，小売業でのデジタル化が生み出す新たな価値について解説し，激化する市場競争を有利に展開する可能性について考えていく。

　ここであらかじめ指摘しておくと，小売業のデジタル化とは，オンラインショッピングだけをさすのではない。ターゲットを絞った広告やマーケティングを配信したり，支払いでは取引コストを削減しながらも顧客の利便性を向上したり，会計時の待ち時間を短縮したり，従業員の生産性向上や効率性を向上させたりなど，様々なことが期待できる。しかし，さらにインパクトをもつのは，これまでマスを対象としていたマーケティングを個人ごとに合わせたワントゥワンマーケティングに「低コストで」転換することが可能なことだ。本章はこれらの具体事例をあげながら，デジタルデータを使用したマーケティングを展開しているアメリカのディスカウントスーパーのTarget（ターゲット）と，顧客との関係構築において特に先進的であるといわれているAmazon（アマゾン）の事例を主として，小売業のデジタル化とそれが可能にするワントゥワンマーケティングについて学習する。

2　デジタルデータを利用したワントゥワンマーケティング

　今や多くの小売業者がデジタルデータを使用して人々の趣向や生活を分析し，マーケティングに役立てている。コンビニのPOS（Point Of Sales：販売時点情報管理）システムは有名であるが，これは単品ごとの売上記録だけでなく，ポイントカードおよびクーポン割引やクレジットカードの使用履歴，オンラインショッピングなどの購入記録も，年齢や性別などの属性と関連付けられて分析される。

2.1　Targetのデジタル情報分析
2.1.1　購買履歴データの活用
　Target Corporation（ターゲットコーポレーション，以下，Target）はアメリカのミネアポリスに本拠地を置く全米5位の売り上げを誇る有名なディスカ

ウントチェーンストアである。ディスカウント百貨店や食料雑貨類を販売するスーパーなど，1,500店以上の小売店舗を有する。Targetは食料品，衣料品，家電，家具など生活関連のあらゆるものを取り扱っているが，データ処理の専門部署を有しており，そこで顧客の購買行動を詳しく追跡し，顧客の生活の予測をしている。例えば新しいタオル，シーツ，食器，フライパン，冷凍食品を購入した顧客は，購買データから新居を購入したか離婚したと予想される。虫よけスプレー，乾電池，女性誌，子供の下着，ワインボトルが購入されれば，サマーキャンプに行こうとしている，といった具合である。また，子供がいるのか独身なのか，休日はアウトドアが好きなのか，それよりも家でTVの前でお菓子やアイスクリームと共にくつろぎたいのかなどを，大量の購買データから数学的モデルによって顧客のタイプを判断しているという。数字で人の心を読むことで買い物客の習慣を解明し，その解明された顧客の習慣を利用することで，さらに多くを購買するようにマーケティングが実施される。

　かつての小売業者は，店舗でのマーケティングでは，こういった購買データよりはむしろ，心理学ベースの消費者の潜在意識を利用したマーケティングを行っていた。例えば，スーパーの入り口は果物や野菜売り場にする，利益率の高い商品を店舗の右側に配置する，などの典型的な手法が用いられてきた。

　多くの消費者は右回りに買い物をするために売れ筋を右側に置くとよく売れる，野菜や果物などの健康に良さそうなものを最初に購入すると，消費者はそのあと，菓子や加工食品などの不健康な商品も購入しやすくなるといった心理学を駆使した手法である。これらの手法では，すべての顧客を同等に扱い，どの顧客にも画一的な手法によって，より多くを買わせよう，とする技術である。

　しかし，小売業の競争は年々激化している。Targetも，昔のやり方のままでは激しい競争に勝てないと考え，利益を増加させるためには個々の顧客の習慣を理解し，顧客毎の好みに訴求するマーケティングを行う必要があると認識するようになった。

　現在，Targetでは，各個人の購入履歴と人口統計的な情報（年齢，未婚既婚，子供の有無，居住地域，年収，クレジットカードの種類など）が関連付けられている。2002年現在ですでに，同社のデータ分析部門は「子供のいる家庭」を特定するコンピュータプログラムを完成させていたという。子供のいる家庭を

特定すると，例えば，9月に新学期のための文房具，6月にはプール用玩具，11月にはクリスマスプレゼントにぴったりの自転車やスクーターのカタログを送付する。また例えば4月にビキニを購入した顧客には7月に日焼け止め，12月にダイエットのクーポンを送付するなど，顧客一人一人に合わせたクーポンを送付するのである。こういった購買予測はTargetだけでなく，AmazonやBestBuy（ベストバイ：世界最大のアメリカの家電量販店）を始め，多くの大手小売店で専門の予想分析部門によって消費者の選好調査が実施されている。

　たしかに，シリアルを購入した人がおそらく牛乳も合わせて購入するであろうことは誰もが予測ができる。しかし，こういった通常考えられる予測ではなく，顧客の個別の買い物情報をいかに利益に結び付ける分析ができるか，ということが，同業他社との競争で差をつける上で重要になってくる。

2.1.2　習慣である購買行動でのデータ活用

　人は情報処理負荷の削減の観点から，習慣で生きていることが大半であるといわれる。人間の脳は一秒間に1京回もの演算能力があるとされているが，それにもかかわらず「脳は楽をしたがる」。つまり，実生活では人は脳への情報処理負荷（脳にかかる労力）を削減しようと行動する。心理学，認知科学，脳科学，社会学の切り口から，人の全行動の約4割が無意識に組み込まれた「習慣」であると研究されている。すべて自分の意志（や都度の判断）で行動しているようで，実は4割もの行動が決まったパターンである習慣によるものなのだ。そのため購入する商品のブランドを毎回変更するようなことはない。つまり，大抵は，いつも購入するお決まりのブランドを購入する。言いかえると，店舗にとって利益率の高い商品のクーポンをいくら配ったところで，顧客のお気に入りのブランドからスウィッチしてくれる（クーポン配布時には一時的にはあったとしても，それを持続的に購入してくれる）可能性は，決して高くはない。しかしある調査によると，過去半年で調査対象者の10.5％が歯磨き粉のブランドを，15％以上が洗濯用洗剤のブランドを変更していたことがわかった。

　それはどんな時なのか。

　人は通常モードではなく，人生における大きなイベントの経験時に購買行動を変更するといわれている。たとえば結婚，離婚，子供の誕生，引っ越し，子

供が一人暮らしを始めたときなどは，これまで購入していた商品ブランドからのスウィッチが起こりやすい。その最たるのが妊娠である。妊婦の平均的な購買額はアメリカでは6,000ドルを越えるといわれている。さらに妊婦は赤ちゃん用品だけでなく，産後の育児に疲れた時に，他の商品も同じ場所で一括して購入してくれるようになる。この妊娠出産のタイミングをデータ分析から割り出すことができれば，小売店にとっての大きな収益源を特定できたことになる。そして実際，そのタイミングが顧客の購買データからほぼ特定できるという。Targetは相当な投資を行い，顧客の選好調査ツールを数多く開発してきた。そこで集められたデータの分析結果を店舗のレイアウト，商品選択，販売促進，クーポン配布に効果的に活用している。

2.2　Amazonのデジタル技術活用

　顧客毎にあわせたマーケティングの最先端のケースとして，ここでもう一つ事例をあげよう。Amazonは言わずと知れた書籍のネット販売からはじまったビジネスである。ECサイト，Webサービスを主な業務内容としており，書籍販売が特に有名であるが，現在では書籍だけでなく，ありとあらゆる生活用品や娯楽サービスがAmazonを通じて手に入れることができる。最近では宇宙旅行事業にも参入しており，話題となっている。創業は1990年代後半であり，当時はインターネットが広がり始めた時期であった。時価総額が100兆円で世界一であった石油メジャー最大手のExxon Mobil Corporation（エクソンモービル）が，首位をApple Inc.（アップル）に抜かれたのが2008年であり，その約10年前にインターネットが世の中に広がり始めていた。このときすでに，ネット隆盛期にオンラインで本が売れると考えた人はかなり多く，世界中で1,000社以上もの企業が書籍のネット販売に参入した。多くの企業は，「24時間365日オープンしているから便利」だとか，「ネット販売だと物理的な制約を考えずに品揃えを増やせる」などの理由をあげていたが，それらのほとんどの企業が失敗した。そういった考えに対して創業者のジェフ・ベゾス氏は，「24時間オープンの店舗はリアル店舗でも可能だし，品揃えを増加させただけでは客は来ない」という。実はAmazonが画期的なのは，ネットでの物販の購入なのではなく，顧客がサイトに来るたびに，各顧客に合わせて商品の配置が換わり，

品揃えの構成も全て変わるところなのである。つまり，顧客がAmazonのサイトを訪れる度に，顧客毎の購買傾向に合わせてオンライン上の「本棚」や「商品棚」の配置が自分仕様に変更されるのだ。興味がありそうな書籍がおすすめされていたり，前回購入からちょうど購入のタイミングであろう日用品が表示される。こういった，顧客毎に「本棚」や「商品棚」の構成を変更することは，実店舗では物理的に不可能なことである。また顧客の購買データ分析に費用が多少はかかるにしても，実際に商品の配置を顧客毎の仕様に変更することは，オンライン店舗であれば，デジタル技術上なために，コストが非常に低くて済む。このようにTargetやAmazonなどのデジタル改革に投資してきた，いわばデジタル先進的な企業は，これまでのマスマーケティングではなく，顧客一人一人に商品や店舗設計までも合わせたワントゥワンマーケティングを実施しているといえよう。

図表7-1　筆者のもとにはAmazonから毎日，荷物が何かしら届く

出所：筆者撮影

2.3　デジタル技術の活用による消費者の利便性の向上

　これまで説明してきたTargetとAmazonのデジタル技術の活用は，どちらかというと企業サイドに利益のある話であった。しかしもちろん，TargetもAmazonも，デジタル技術の活用はこれだけにとどまらない。決済や配送についてもデジタル技術を活用し，消費者にとっての利便性向上につなげる工夫をしている。たとえば現在Targetは，スタートアップベンチャーと提携し，スマホでの買い物代行サービスを実施している。スマホアプリで購入した商品を1時間以内に自宅や専用窓口で受け取ることができるサービスであり，顧客はこのサービスを利用することで，物理的移動の節約と買い物時間の自由を手に入れることができるようになった。Amazonも現在，配送モデルについての特許を複数取得している。例えばそのうちの一つは，顧客が注文するよりも前に，あらかじめ購入するであろう商品を予測して出荷するというものである。まだ実現段階には至っていないが，今後のオンラインショッピングの発展性を見据えた配送モデルの特許の取得をすすめている。このように，デジタル技術は顧客毎に合わせた売り場や品揃え，クーポン配布などのマーケティング上の工夫だけでなく，買い物時間短縮などの，顧客の利便性の向上にも貢献するのだ。

2.4　デジタル技術による企業利益と顧客便益の両方の向上と，新たなビジネスへの広がり：Starbucks

　Starbucks Corporation（以下，Starbucks，スターバックス）も，顧客ロイヤルティプログラムにリンクした独自のモバイル支払いアプリを開発し，「STARBUCKS　REWARDS」の運用を開始した。日本でも2017年9月より運用が開始されているが，このアプリを使用すると商品が無料になるポイントが獲得できるシステムで，この運用によって，Starbucksはクレジットカードやデビットカード取引によって顧客が商品を購入する場合に支払っていたカード手数料を削減した。これは2015年現在，アメリカでもっとも使用されたモバイルアプリとなった。顧客はアプリから商品を事前にオーダーして決済することで，混雑時でも店舗で待たずにオーダー商品を受け取ることができることになり，待ち時間に対する不満を企業が解決することに成功し，顧客の利便性が大きく向上した。このシステムの使用にあたってStarbucksは，顧客に，氏名，

住所，年齢，電話番号，メールアドレス，生年月日の個人情報の登録を求めているが，この顧客情報と購入履歴をリンクさせてそれぞれの嗜好や行動パターンを分析し，パーソナライズされたコミュニケーションを行っていこうとしている。つまり，顧客に対して個々に見合った体験の提供を目的としている。これによりStarbucksの利益増加が見込まれるだけでなく，顧客側も新たな，より自分に合った商品の提供が受けられるというメリットがある。このモバイルシステムはすでに米国内だけでなく，日本をはじめ米国外でも導入されているが，ライセンス供与によって販売が計画されていると報道された。つまりStarbucksにとって，このアプリが新たな収益源となりうる可能性があり，デジタル技術の活用によって，コーヒーチェーン店をというビジネスの枠をも超えた，新たなビジネスへと広がりを見せているといえよう。

3　デジタル技術とデジタルデータを使用した新たな価値創出

3.1　デジタルデータを使用した小売業の新たな価値創出：
マスから個人へ

　小売業者がデジタル技術を活用した「デジタル小売業者」へと変革することは，今後，小売業界で勝ち抜くためには不可欠であろう。一般に，趣向が画一的であるとされていた1970年代半ばから1980年代半ば生まれの世代でさえ，実はその趣向は画一的ではないという指摘もある。つまり，これからの時代は，小売業者は，これまでのような年齢や収入によって消費者をある程度の規模で一括りにした統計学的分類ではなく，TargetやAmazonがすでに実施しているように，個別の購買行動などのデジタルデータを活用し，顧客ひとり一人に合わせたマーケティングを実施していくことが，激化した競争で戦うカギとなってくるだろう。

　これまでも，小売企業の目標は業務の効率化と顧客満足の向上であったが，それを達成するための手段は今，大きく変化してきている。膨大な情報から扱えるデータ量が飛躍的に増大した時代となった今，画期的な商品品揃えや店舗サービスの向上で顧客満足を勝ち取ることだけではなく，企業は従来とは異なる方法で，新たな価値を提供して変化した顧客ニーズを充足させている。デジ

タル技術の活用で企業は顧客一人一人とつながることが低コストで可能となり，顧客毎に合わせた体験や情報を提供することができるようになった。コンピュータによってデジタル化された情報は，10倍の量が10分の１の時間でもたらされようとしているともいわれている。デジタル技術によるこのような時間とコストの縮小により，顧客中心のショッピング体験，つまり顧客一人一人に合わせた新しい価値の提供が低コストで可能となっているのだ。

3.2　競争優位を生み出す方法：
　　同じデータからどのように違いを生み出すのか？

たしかに，デジタル技術の活用は，比較的模倣しやすい。そうなると，完全競争状態になってしまい，競争が激化して結局は利益が出せなくなってしまうだろう。市場に参加する全てのプレイヤーが最も合理的な行動をする状態のことを完全競争というが，完全競争下ではプレイヤーごとに違いがない世界のため，利益が出せなくなっていくためだ。しかし，マーケティングの目的は差別化によって競争を避けることではなかったか。

そのような中で差別化価値を生み出すには一見不合理な戦略が必要となる。戦略の本質とは「差を作ってつなげること」である。言い換えれば，競合他社とは異なる打ち手（要素）を創り出すだけでなく，個別の要素を離齬なく連動させて全体として事業を駆動させることによって（楠木（2010）の言葉を借りれば，戦略の「ストーリーづくり」である），他社が達成できない価値を実現することである。要素だけでなく全体の連動，つまり要素の「つながり」がポイントとなるため，競合他社はその戦略を模倣することが困難となり，それが長期的な利益をもたらす。楠木の言葉を借りれば，競合他社にとっては，「模倣すればするほどドツボにハマるような戦略」となる。

理由は，業界の常識に照らすと必ずしも合理的だとは思えない，競業他社が模倣する気にならない打ち手であり，しかしそれこそが，その企業の持続的な競争優位の源泉となっているためだ。

Amazonの例でいえば，莫大な投資を配送センターの構築にあてたことである。Amazonはあえて世界中の巨大な物流センターに次々と投資し，膨大な量の在庫をもつことを選択した。この「ネット時代は在庫が要らないと言われて

いるのに，世界中の物流センターに投資する」戦略は，当時は投資関係者だけでなく世間からも不評であり，非常識であるとさえ言われ批判された。しかし，Amazonの「顧客の購入意思決定をサポートする」という一貫したコンセプトを実現するためには顧客の注文時に在庫を有していることこそが必要で，商品が自宅に届くタイミングを示すことができなければ，消費者は購買の意思決定ができないという，Amazonにとってはきわめて戦略的に決定された投資であった。

　Starbucksの例では，コストのかかる直営店方式での出店にこだわったことだろう。成長中のチェーン店は通常，フランチャイズ方式を志向するが，Starbucksは直営店方式にこだわった。Starbucksが顧客に売っているのはコーヒーという商品そのものではなく「第三の場所」である，というコンセプト実現のためだ。Starbucksのいう第三の場所とは，第一の場所が家庭，第二の場所が職場であり，そのどちらもが頑張りを必要とする場所であるのに対し，「第三の場所」は，そのどちらでもない，頑張りを必要としない，あるいは頑張る時間の合間のほっとする時間を過ごす場所という意味合いである。仕事でも家庭でも頑張らないといけないハイテンションな時代のアメリカにおいて，単にコーヒーという商品を売るのではなく，テンションを下げることができる場所を売ること。そのためには，商品の価格が高くても多くの人が習慣的に来店してくれる場所がカギとなる。リラックスできる雰囲気での一等地への集中的な出店，コミュニケーションを大切にするスタッフ，これらをつなげる戦略ストーリーが直営店方式であったのだ。Amazonの戦略もStarbucksの戦略も，当時の業界常識からすると必ずしも合理的だとは言えない戦略であり，それだからこそ，競業他社はこの戦略を模倣しようとはしなかった。この他社に模倣させない模倣忌避性こそが，持続的な競争優位の源泉になったのである。

　このように，デジタル化で模倣が可能かつ，より容易になった世の中だからこそ，一見非合理な違いを作る戦略ストーリーを描くことが，他社に対する持続的競争優位を築く。いずれ模倣されるであろうデジタル技術のみに頼るのではなく，データ分析の独自の手法や視点の開発，戦略ストーリー作りといった，その企業やビジネスならではのユニークさ，つまり個性がますます求められるのであろう。

3.3　デジタル技術が業界の垣根を壊す

「農業から金融，ニューヨークからニューデリーまで，世界中のあらゆる企業が"デジタルカンパニー"になろうとしている。どの企業もデータを活用し，車から牛まで，あらゆるものをつないでいる（Microsoft CEO　サティア　ナデラ）」といわれるように，今や全ての業種でデジタル化が進行している。ちなみに2018年の研究開発費の比較でいうと，トヨタ：Google：Amazonはそれぞれ1兆円：1.8兆円：2.3兆円であり，GoogleやAmazonなどのIT企業が，さらなる発展にむけていかに大きな投資をしているかがうかがえる。小売業についても，すでに40%以上の消費者がスマホで買い物をしており，その比率は年々増加している。これまでネットショッピングではむずかしいといわれていたファッション商品ですら，年々その比率が増加しており，今やモバイル向けアプリやサイトの構築は必須である。GoogleやAmazon以外にも，たとえばAlibaba（アリババ）や百度（バイドゥ）などの中国企業もこういった市場に参入しており，さらなる競争激化が予想される一方，日本企業は全体的に，一歩遅れを拝しているといわれる。その中でもアパレルのオンラインショッピングサイトZOZOTOWONを運営する株式会社ZOZO（ゾゾ）はオンライン小売業のベンチャーとして業績を伸ばした。

3.4　メーカー参入の脅威

たとえばKellogg Company（Kellogg，ケロッグ）の子会社であるBear Naked（ベアネイキッド）は2016年から顧客の好みに応じてグラノーラをブレンドして送料無料で配達するサービスを開始している。資生堂も2018年6月からIoTを使用したスキンケアプログラムのダイレクト販売「Optune」を開始した。個人の肌や体調に合わせた化粧品を専用マシンによって毎日，朝夕調合してくれるサービスである。スマホアプリを通じて取得した肌測定データと天気や湿度，体調データを資生堂が分析し，個人に最適なカートリッジを1,000以上のパターンから選定され届けられる。これは自宅に設置する専用マシンによって，アプリのデータをもとに毎日配合が変化される。

このように，メーカーやネット小売業者もデジタル技術を使用することによって，個人の嗜好に合わせたり各個人に最適な商品を作成するだけでなく，

それらを直接，消費者に届けるサービスを開始している。これは既存の小売業者にとっては既にあるパイを奪われる脅威でもある。小売業者は，これまでのビジネスシステムから転換したり，デジタル技術を活用することで消費者のニーズを「一歩リードする」業態を開発していく努力を積み重ねていくことこそが，他の業界からの参入脅威にも対抗していくことにつながるだろう。

4　おわりに

　すでに多くの小売業がデジタルデータを活用した新たなマーケティングを導入することで投資収益率を高めている（図表7-2）。これまで小売企業のデジタル化はオンラインチャネルが主であったが，現在ではリアルチャネルでの活用も進んでいる。ある調査によると，アメリカでのデジタルメディアのマーケティング投資割合は2012年時点では24％であったのに対し，2017年時点ではすでに42％に達しており，2022年までには62％ほどに達するとの試算がある。その一方で，日本国内では2017年時点でいまだ28％程度にとどまっているという。

　例えば日本の食品スーパーは，地域ごとの特色を色濃く反映させて地域の消費者にきめ細やかな対応をしている。そのため，寡占度が低く，競争が激しい業界であるといえる。日本でまだそれほど小売業のデジタル化が進んでいない

図表7-2　小売業の枠組み変化

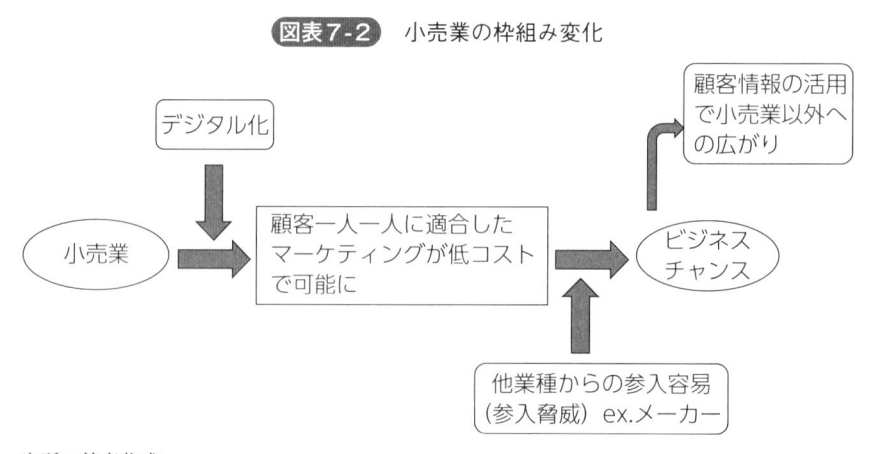

出所：筆者作成

のは，日本市場はまだ小売業の寡占が進んでいないという特殊なマーケット事情があるために，それが単一企業で顧客理解のシステムを構築することを難しくしているのかもしれない。しかし，グローバル化が進行する中で，小売業も世界の企業との競争激化が予想される中，今後は業界横断的に各社が持つプラットフォームを相互活用するアプローチなどが期待されるだろう。

■さらに学びたい方へ

山中伸弥，羽生善治（2018）『人間の未来　AIの未来』講談社
　　近年，過去のデータのみを重視したデータ将棋が優勢な中で，データ将棋のその先をめざす将棋を指し，未だ最前線を走り続ける羽生棋士。情報は素材に過ぎず，情報をもとにしていかに新しいものを創造することが重要か。AIのように一手一手を確率で判断するのではなく，人間の感性がそのカギとなることを伝える。

第8章

デジタル社会の中国電子商取引：
アリババ，テンセントによる「新小売」の展開

1 はじめに

　近年，インターネットの急速な普及と情報通信技術の進化に伴い，C to CやB to Cといった電子商取引の形態が人々に広く受け入れられた。消費者は実店舗だけではなく，PCサイト，スマートフォンやタブレット型端末といったモバイルサイト，SNSなどを通じて，以前に比べて圧倒的に多くの商品情報にアクセスできるようになり，時間や空間に縛られずに商品を購入することが可能になってきた。とりわけ，中国の電子商取引市場は急成長を遂げ，世界中から注目を集めている。2015年5月，中国商務部（日本の省に相当）は「『インターネット＋流通』行動計画」を発表した。中国国務院（日本の内閣府に相当）は2016年4月の常務会議（閣議）において，「『インターネット＋流通』への取組みは流通革命を推進することであり，大衆の起業・イノベーションを後押しして，新たな形態の経済発展をもたらすだろう」との見解を示した。行政と企業の協働によって，中国の電子商取引（B to C）市場は既に世界一の規模を誇っており，現在も拡大を続けている（図表8-1）。

　中国では，1994年にインターネットへの直接接続が始まり，1999年にはこれを利用した電子商取引が導入された。小売業との関連性に焦点を当てると，2016年を境に，中国の電子商取引の発展段階は「インターネット通信販売」と「新小売」の2つに分けることができる。本章では，中国の小売業における電子商取引の発展の実態を考察しながら，その特質を理解することを目的とす

図表8-1　国別電子商取引（B to C）市場規模（2017年）

ランキング	国名	市場規模 （億米ドル）	対前年比
1	中国	11,153	＋35.1%
2	米国	4,549	＋16.3%
3	英国	1,126	＋17.1%
4	日本	953	＋6.0%
5	ドイツ	651	＋11.3%
6	韓国	563	＋20.9%
7	フランス	488	＋16.9%
8	カナダ	340	＋29.9%
9	オーストラリア	215	＋12.3%
10	インド	209	＋42.1%

出所：経済産業省「『平成29年度わが国におけるデータ駆動型社会に係る基盤整備（電子商取引に関する市場調査）』調査結果要旨」より作成

る。具体的な事例としては，中国寧波市と「新小売」ともいわれる「盒馬鮮生（フーマーフレッシュ，freshhema）」の取組みを取り上げる。

2　中国のインターネット通信販売と「新小売」

2.1　中国寧波市の取組み

　中国では，インターネット通信販売の売上高は2010年の5,091億元から2016年の5兆1,556億元に増加し，2016年には中国小売業売上総額29兆6,518億元に対し17.4％を占めている。筆者は2017年3月に，中国インターネット通信販売の先進都市の1つである寧波市について調査した。そこで，中国のインターネット通信販売の実態を中国寧波市を例にして述べる。

　寧波市は杭州湾を挟んで上海の南方に位置し，中国大陸の海岸線の中部にある。2016年末時点で全市の人口数が787万5,000人であり，中国最大の港湾都市の1つである。同市は1984年に中国の沿海開放都市の1つに指定され，省レベルの経済管理権限をもつ5つの「計画単列都市」（日本の政令指定都市に相当）の1つでもある。地理的な環境に恵まれ，政策上の国家支援もあり，改革開放

以来の寧波市は著しい経済成長を遂げてきた。寧波市の1人当たりGDPと都市部・農村部別1人当たり可処分所得は図表8-2，図表8-3の示す通りである。

　経済都市で知られている上海市の統計によると，戸籍をもつ人口を対象とした2016年の1人当たり平均GDP，都市部と農村部の1人当たり平均可処分所得はそれぞれ11万3,600元，5万7,692元と2万5,520元であった。図表8-2と図表8-3に示すように，寧波市は上海市に比べ，2016年の1人当たりGDP，都市部の1人当たり平均可処分所得は及ばなかったものの，高い水準であった。

　流通に関して，寧波市は「中国電子商取引実験都市」(2000年)，国家「越境電子商ビジネス（輸入）実験都市」(2012年)，中国初の「『中国製造（メイドインチャイナ）2025』モデル実験都市」(2016年)に指定され，「中国宅配業モ

図表8-2 寧波市1人当たり平均GDPの推移（戸籍を持つ人口による計算）

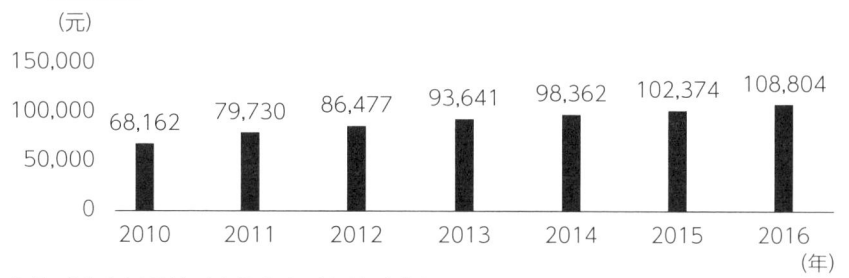

出所：『寧波市国民経済と社会発展統計』各年版より作成

図表8-3 寧波市（都市部・農村部別）1人当たり平均可処分所得

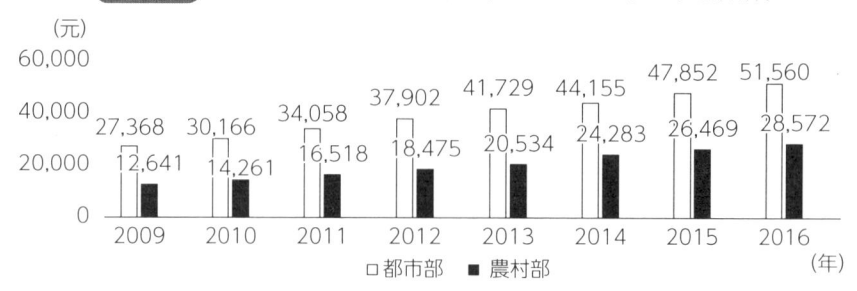

出所：『寧波市国民経済と社会発展統計』各年版より作成

デル都市」（2016年）に選出されるなど，中国の流通発展の先進都市として注目を集めている。

2.1.1　苦境に立つ実店舗型小売業

　図表8-4に示すように，寧波市小売業の2016年の売上高は3,667億6,000万元に達し，2015年に比べ10.3％も増加した。こうした中で，「限額以上の小売業者（年間売上高が500万元以上，従業員数が60人以上の小売業者）」による売上高は1,844億4,000万元で，前年比8.5％の増加を記録したものの，百貨店，総合スーパー，スーパーチェーン，コンビニエンスストア，専門店などの実店舗型小売業は図表8-5に示すように，厳しい状況に陥った。一方，インターネット通信販売の売上総額は2012年から2016年まで，対前年度比でそれぞれ約30％，82％，43.7％，45.6％の成長を記録したのである。

図表8-4　寧波市の小売総額とインターネット通信販売総額の推移

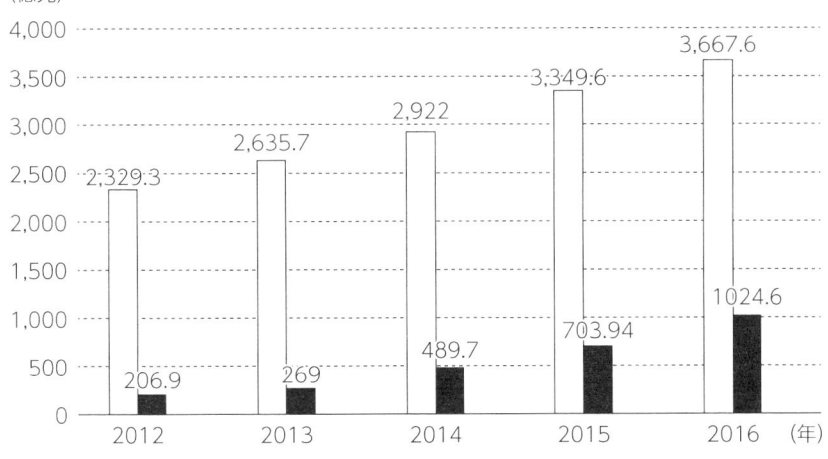

出所：『寧波市国民経済と社会発展統計』各年版より作成

図表8-5 寧波市の主な実店舗型小売業の状況（2016年1〜12月）

	売上高	前年同期との比較	状況説明
百貨店（18店舗）	75.6億元	−7.9%	14店舗がマイナス成長
総合スーパー（9店舗）	41.2億元	−3.3%	5店舗がマイナス成長
スーパーチェーン（7社）	76.2億元	＋1.2%	5社がマイナス成長
コンビニエンスストア（4社）	1.2億元	−12.9%	3社がマイナス成長
専門店（241店舗）	549.7億元	−1.7%	132店舗がマイナス成長

注：①寧波市は実店舗型小売業に対し「限額以上の小売業者」を対象に，売上高の統計を
　　　行っている。
　　②百貨店，総合スーパーと専門店に関しては，同一法人の複数の店舗が「限額以上の小
　　　売業者」の基準に適合している場合，これらの店舗がすべて統計の対象となる。店舗
　　　ごとにデータが集計される。
出所：寧波市商務委員会資料より作成

2.1.2　インターネット通信販売の発展

　中国側の統計によると，2016年末時点で，寧波市のインターネット利用人口は578万6,000人で，人口の73.5％を占めている。寧波市では，実店舗型小売業が売上高の減少などにより厳しい状況にある一方，インターネットの利用やスマートフォンの普及により，インターネット通信販売市場の拡大が続いている。

　寧波市では，2016年末時点で計5万6,000社のインターネット通信販売業者が登録されており，既存の実店舗型小売業に従来のインターネット通信販売と新型インターネット通信販売を加え，小売業のイノベーションを興そうとしている。従来のインターネット通信販売は，基本的に消費者が直接他の消費者に販売するC to Cと，企業と消費者との取引であるB to Cで行われている。後者の新型インターネット通信販売はアリババ社（Alibaba Group Holding Limited）の天猫（Tmall）や京東（JD.COM）や蘇寧易購（SuningCom）などのサイトとその関連サービスを利用し，同市のインターネット通信販売の主要な形式となっている。

　この，新型のインターネット通信販売は主としてB to Cであり，企業と消費者との小売取引である。カスタマイズとクラウドファンディングの2形態が存在し，どちらも将来性が見込まれている新たな取引方式で，店舗を開設せず，

電子商サイトまたはビッグデータサイトを介在させる。前者はメーカーのような サプライヤーが特定の消費者の好みや使い方により既存の商品を変更し，商 品の所有権をその消費者に移転するタイプである。後者はメーカーのようなサ プライヤーが商品の企画などを掲載し，購入の意向を示す不特定多数の消費者 から商品代金を集めて商品を生産し，後に商品の所有権をこれらの消費者に移 るタイプとなっている。

　寧波市が中国初の「『中国製造（メイドインチャイナ）2025』モデル実験都 市」に選ばれたのは，アパレル，自動車およびその部品，電子機器，石油化学 などの工業部門において高い競争力をもっていること，中国の小型家庭電器製 品の約3分の1を製造・出荷し，活力と潜在力を備えていること，などの点が 高評価につながったからである。小型家電メーカーなどがカスタマイズという 方式でインターネット通信販売を行うことは，市場開拓の有効策として注目を 集めている。後者のクラウドファンディング方式に関しては，寧波市はそれを 地域内の中小企業の育成や若年層の起業支援の具体策としつつ，全国屈指のク ラウドファンディングの中心都市になることを目指している。

2.1.3　宅配業の状況

　インターネット通信販売の発展に欠かせないのは物流ネットワークの構築と 維持である。寧波市の場合，その物流ネットワークを支えるのは宅配業であ る。2016年12月末時点で，寧波市の宅配業は国内業界最大手の順豊快逓（ジュ ンホウカイテイ），申通快逓（シンツウカイテイ），圓通快逓（エンツウカイテ イ），韻達快逓（インタツカイテイ）と中通快逓（チュウツウカイテイ）を含 む計231社，1,066の事業所を擁する規模になった。寧波市域の宅配業を統括し 管理する寧波市郵政管理局のデータによると，2016年の宅配業務は2015年に比 べ66.2％増，5億677万5,000件で，その業務収入は前年比45.8％増の58億3,874 万3,000元に達した。配送先別で集計すれば，寧波市内の宅配の件数と業務収 入はそれぞれ全体の76％，57％を占めた。インターネット通信販売の発展に伴 い，寧波市の宅配企業は主として以下のような経営形態をとっている。

　①順豊快逓（ジュンホウカイテイ）のように，会社はコーポレート・チェー ン方式に基づき，自己資本による宅配ネットワークの構築に努める。

図表8-6　フランチャイズ・チェーン方式による宅配業の運営

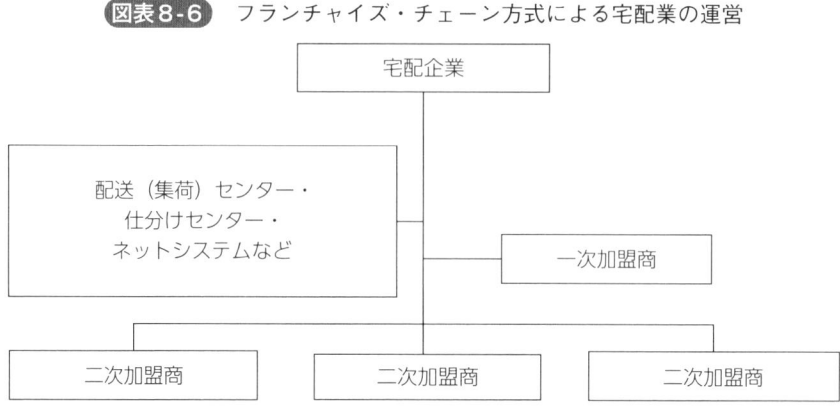

出所：申通快逓（シンツウカイテイ）社のホームページ，現地調査より作成

　②申通快逓（シンツウカイテイ）や韻達快逓（インタツカイテイ）などは社内業務を二分化し，本社として配送センター，仕分けセンター，「幹線」配送，市場向けプロモーション，配送ネットワークの運営，インターネットシステムの維持などを営む一方，加盟店を募集する。加盟店は所在地域の宅配業務と集荷業務を担い，加盟費および本社の一部の運営費用を負担しなければならない。業務を円滑に遂行するため，加盟店の募集は段階的に行われ，画定された地域に一次加盟商を募り，その地域においてさらに区域別で二次加盟商を集める（図表8-6）。

2.1.4　行政の役割

　寧波市政府はインターネット通信販売市場を拡大させるために，流通政策の立案や政策の実行などを通じて主導的な役割を果たしている。発展の経緯を振り返ってみれば，その始まりは2000年頃に遡っていくことができる。寧波市は2000年に「中国電子商取引実験都市」に指定され，その後，インターネット情報互換センター，電子商取引安全認証センター，データ処理センター，情報サービス業育成インターネットサイトと業界別インターネットサイトを次々と開設し，インターネット通信販売の環境整備を進めてきた。

　2012年12月，寧波市は上海市，河南省鄭州市，重慶市，浙江省杭州市と並ん

で，「国家越境（輸入）電子商ビジネス実験都市」に指定された。これを契機に，寧波市は2014年に「小売・卸売の電子商化，個人消費の電子商化，生活関連の各種のサービスの電子商化」という「電商換市」戦略を打ち出した。2014年以降，寧波市は「『電商換市』を推進し電子商ビジネスの発展を加速させる若干意見」に基づき，政府機関の関連部署を整合し，3億元規模の専用基金を創設し，そのうちの1億元を市の電子商ビジネス発展対策本部に拠出した。具体的な取組みとして，寧波市はインターネット通信販売を流通企業，メーカー，国際貿易，市場，コミュニティ，農村部，そして日常生活に導入することを目的とした「電子商ビジネス『七進』工程」を実施している。

「電子商ビジネス『七進』工程」は財政支援，統計査定，市場拡大，人材育成，産業拠点の形成，物流配送と企業誘致に細分化されている。同計画に基づき，農村部に関しては，寧波市は「農村部宅配（物流）末端配送体系」の形成を目指し，農村部の郵便局に情報ネットワークを導入し配送センターや配送ステーションの機能も兼備させ，郵政，宅配と電子商ビジネス企業の一体化を図ろうとしている。農村部の特産農産物の場合，市政府傘下の供銷合作社（購入販売協同組合）が「農村部宅配（物流）末端配送体系」を活用する一方，電子商総合サービス会社を設立し，中国最大のC to Cショッピングサイトであるアリババ社の淘宝（www.taobao.com）を通じて「淘宝特色中国・寧波館」を開設し，市内農村部の特産品の取引サイトとして農村部と消費者の橋渡し役を務めている。

2.2　オンライン大手主導の小売業界再編と「新小売」

2016年，アリババ社のジャック・マー会長は「新小売」という考えを提起した。「新小売」とは，オンライン（電子商取引），オフライン（実店舗）と物流の融合であり，「誰が速いか」から「在庫を持たない」への転換で物流の一層の効率化を図ることである。

「新小売」論が登場してからの中国小売業界では，オンライン大手のアリババ社とテンセント社（Shenzhen city Tencent computer system Co.Ltd）は既存の実店舗型小売企業の株式取得や新規事業の立ち上げなどで相次いで「新小売」に乗り出し，オンライン大手主導の小売業界再編の動きが強まった（図表

8-7，図表8-8）。

図表8-7 実店舗型小売業との業務資本提携：アリババ社

時間	投資先	投資額	持ち株比率	業態
2016.11	三江購物（Sanjiang Shopping Club）	21.5億元	32%	スーパー
2017.1	銀泰商業（Intime Retail）	126億香港ドル	74%	百貨店，ショッピングモール
2017.5	聯華超市（Lianhua Supermarket）	8億元	18%	スーパー
2017.5	百聯集団（Bailian Group）	―	戦略提携	スーパー，百貨店
2017.9	新華都（New Hua Du Industrial Group）	5.5億元	10%	スーパー，百貨店
2017.10	東方股份（Zhejiang Quzhou Oriental Group）	1.4億元	15%	ショッピングモール，スーパー
2017.11	高鑫零售（Sun Art Retail Group）	224億香港ドル	36.2%	スーパー
2017.12	中央商場（Nanjing Central Emporium Group）	2,130万元	71%（銀泰商業から）	百貨店，ショッピングモール
2018.2	居然之家（Easyhome）	54.5億元	15%	家具・インテリア

出所：マスコミ各社の報道より作成

図表8-8　実店舗型小売業との業務資本提携：テンセント社

時間	投資先	投資額	持ち株比率	業態
2017.10	中百集団 (Zhongbai Holdings Group)	—	29.86％（永輝超市から）	スーパー, 百貨店
2017.12	永輝超市 (Yonghui Superstores)	42.2億元	5％	スーパー
2017.12	紅旗連鎖 (Chengdu Hongqi Chain)	9.5億元	21％（永輝超市から）	スーパー
2018.1 ＊	カルフール (Carrefour)	—	—	スーパー
2018.1	万達商業 (Dalian Wanda Commercial Properties)	100億元	4.12％	ショッピングモール
2018.2	歩歩高 (Better Life Commercial Chain Share)	8.9億元	6％	スーパー
2018.2	海瀾之家 (HLA)	25億元	5.31％	衣料品専門店

注：2018年1月23日，フランス小売大手カルフール（Carrefour）は，テンセント社と永輝超市（Yonghui Superstores）がカルフール中国（http://www.carrefour.com.cn）に対し投資することで合意したと発表した。また，2018年6月7日，テンセント社とウォルマート（Walmart）は将来的なデジタルリテールのための戦略的なパートナーシップを結んだことを発表した。
出所：マスコミ各社の報道より作成

　一方，2016年1月，「新小売」を模索する新規事業として，アリババ社は上海にフーマーフレッシュの第一号店を開設した。2018年9月現在，フーマーフレッシュは中国の16の都市で計86店舗を出店している。フーマーフレッシュの各店舗は消費者情報，店内商品管理，サービス提供などの情報の統一管理を前提に，生鮮食品スーパー，飲食，専用アプリと物流配送を一体化させ，オンラインとオフラインの共存で小売業務全般の効率化，合理化，迅速化を図ろうとしている。そのビジネスモデルには以下の特徴がある。

　①各店舗は3,000のSKU（Stock Keeping unit，受発注，在庫を管理する最小単位）を有し，100ヶ国以上の商品を集めている。各店舗は飲食業者を募り，約4,500平米の店内面積の15〜20％を飲食スペースとして活用しており，顧客は店内において生鮮食品を購入し，飲食業者に調理してもらって，食事を楽しむことができる。

②各店舗は無線通信を通じて価格や店内商品情報を一括管理し，リアルタイムで表示できる電子棚札（Electronic Shelf Labels, ESL）を導入して，オンラインとオフラインの商品価格が一致するように随時調整する。ただし，オンラインを利用する顧客はフーマーフレッシュ専用のアプリを通じて商品を購入しなければならない。一方，店内の顧客は商品を購入する際に，商品の前に設置された電子棚札にスマートフォンをかざすことで，アプリ内の仮想ショッピングカートに商品購入の情報が登録される。また，支払に関しては，現金払いではなく，フーマーフレッシュ専用のアプリが唯一の支払手段となっている。

③店舗は生鮮食品スーパーでありながら，オンラインからの注文に対応する倉庫でもある。専門のスタッフはまず，モバイル端末をもってオンラインからの注文に応じて店頭から商品をピックアップし，専用バッグに収納する。次に，バッグを売場の端にあるクレーンに載せ，バッグヤードの配送スタッフに届ける。フーマーフレッシュはオンラインからの注文について，原則として店舗から3キロ圏内であれば最速30分で無料配達することとしている。

3　中国の電子商取引発展のプロセスとそれに影響する要因

3.1　中国の電子商取引の発展要因

中国では，当初，電子商取引は実店舗型小売業の厳しい経営課題に対処していく方策として注目を集めた。

1990年代以降，中国では段階的に流通開放政策を実施し，あらゆる小売業態が流通外資とともに中国各地に展開するようになったが，これらの小売業態は強い中国的特色を帯びている。「通道費」もしくは「入場費」の横行はその典型的な事例である。中国の「通道費」もしくは「入場費」は基本的に欧米のスロッティング・アローワンス（slotting allowance）に類似するものとして定義されているが，その適応範囲が欧米に比べ大きく拡大され，小売企業がメーカーあるいは代理商に対し，恣意性と不透明性をもったまま多種多様な費用を要求する背景となっている。2000年頃から，スーパーマーケットおよび大型スーパー業態が中国で急速に発展するにつれて，小売企業とサプライヤーとの対立関係が激化してきた。

　それだけではない。中国の実店舗型小売企業の2012年における平均コストは2011年に比べ8.3％も上昇した。業態別でみれば，スーパーマーケット，百貨店，専門店とコンビニエンスストアの平均コストはそれぞれ11.8％，9.9％，12.8％と17.2％の増加となった。項目別で確認すれば，店舗賃料と人件費の上昇は小売企業の平均コストを増加させた要因となっており，前年比17.5％と20.5％増を記録した。『中国小売業界発展報告（2015/2016年）』では，チェーンストア展開を行う実店舗型小売企業の上位100社について，2015年に人件費が4.2％，店舗賃料が8.6％も上昇したと発表されている。

　業者間の同質化現象も実店舗型小売業の低迷に拍車をかけている。消費者の消費行動はしだいにブランド化，個性化と流行化へ移行しつつあるにもかかわらず，小売側の商品供給はこうした消費動向への対応が遅れている。小売業については，経営形式が単一化の傾向にあり，商品の同質化問題が特に目立っている。百貨店やショッピングセンターは未だに「売場貸し」や聯営制方式を採用し，品揃えの幅，深さ及び売場のデザインがよく似ており，PB商品や業態間の差別化への取組みが緩やかで，ショッピングセンターのブランド同質化を算定するとすでに60％に達している。専門店といった小売業態も取扱商品の種類と消費者層が極めて同質的な状況となっている。

　このように，中国の実店舗型小売業は小売業態の導入などで近代化に取組みながらも，取引慣行に更なる進化を阻まれ，業者間の同質化現象や店舗賃料，人件費の高騰に直面し，内なる経営環境が悪化の一途を辿っている。こうした中で，中国の実店舗型小売業は生き残りをかけた変化を余儀なくされている。

　その変化をもたらしたのが電子商取引である。

　一般的に，電子商取引とは電子ネットワーク，主としてインターネットを利用して商取引の一部または全部を行うことである。インターネットを用いた流通経路の特質は多数生産者や多数消費者に対するシステムの開放性と，実店舗では不可能な膨大な品揃えに見出されるようになったことである。製造業者や実店舗で流通業務を営む小売業者が消費者向けの電子商取引に取り組む理由については，①市場を全国市場や海外・国際市場に拡大可能なこと，②新市場や新市場セグメントが創出されること，③カスタマイズされた製品の販売，効果的なカスタマイズされた広告・販売促進の展開や，効果的でカスタマイズされ

た顧客サービスの提供が可能であることを挙げることができる。また，小売業が電子商取引を導入することによって得られる効果については，①市場参加者が取引過程の情報を監視できる透明性，②既存の地域的商圏に制約されないインターネット上の商圏のグローバル化，③売り手と買い手との接触可能性がインターネットを介することにより，取引が極めて安価で実現されることが挙げられる。

3.2　中国の電子商取引の発展プロセス

　前述のように，小売業との関連性に焦点を当てると，2016年を境に，中国の電子商取引の発展段階は「インターネット通信販売」と「新小売」の２つに分けることができる。なお，2016年までの発展は３つの過程を経てなされた。

① 萌芽期（1994〜1997年）

　インターネットへの直接接続を機に，1995年５月に，中国初の民営ISP企業「瀛海威（エイカイイ，Yinghaiwei）」が誕生した。その後，ISP企業が相次ぎ現れ，インターネットに関する知識の普及と利用環境の整備に向け一定の進展があった。

② 電子商取引の導入期（1998〜2000年）

　この時期には，インターネットを介した電子商取引の概念が導入され，積極的な実践が行われるようになった。同時に，ベンチャー投資ブームが現れ，ネット上のコンテンツの提供を中心としたICP企業が多く設立された。テンセント社やアリババ社などを含め，現在の中堅以上のIT関連企業の大半はこの時期に生まれた。この間，ベンチャービジネスとしてのネット通販サイトが続々と立ち上がり，その数は1998年の530から2000年の1,500に増えた。特に2000年は中国の電子商取引元年とされ，電子商取引に乗り出す企業が急増した。

③ 電子商取引の転換期（2001〜2016年）

　この時期には，IT業界全体は競争激化による再編・淘汰の時代に入った。
　赤字を抱えた一部のネット通販企業が姿を消したが，政府の電子商取引に関

する促進政策を背景に，テンセント社やアリババ社のような企業は新しいビジネスモデルを模索し，香港証券取引所やニューヨーク証券取引所といった海外の市場株式市場に上場するなど，飛躍的な発展を遂げた。

　アリババ社は2003年10月に「支付宝（Alipay）」を「インターネット＋金融」のサービス商品として市場導入し，2004年に第三者保証機能をもつ電子商取引などの決済方法に進化させた。また，テンセント社は2005年に「支付宝（Alipay）」と同様な機能をもつ「財付通（Tenpay）の開発に着手し，2013年には第三者保証付きのオンライン金融サービス，中国最大のソーシャル・ネットワーキング・サービスの「微信（WeChat）」上で「微信支付（WeChatpay）」業務を開始し，さらに2014年にインスタントメッセンジャーの「QQ」に「QQ銭包（Mobile phone QQ Wallet）」を導入して，インターネット決済サービス市場に参入した。インターネット決済サービスの導入と発展は中国の電子商取引に一層の活力と大きな成長の可能性をもたらした。

4　おわりに

　中国では，中国移動（China Mobile），中国聯通（China Unicom）と中国電信（China Telecom）の情報通信大手 3 社に，2009年 1 月に3G（第 3 世代移動通信システム）の営業免許が与えられ，2013年 1 月に4G（第 4 世代移動通信システム）のライセンスが発行された。3Gと4Gの導入に伴い，インターネット・ユーザー，特にスマートフォンなどモバイルインターネットの利用者が年々増加している。1960年代の日本が「Revolution in everyday goods by chain store（チェーンストアによる日常の暮らしの革命）」と表現されたが，今中国で「Revolution in everyday goods by internet（インターネットによる日常の暮らしの革命）」の機運が高まっている。

■さらに学びたい方へ

此本臣吾 監修，森健，日戸浩之 著（2018）『デジタル資本主義』東洋経済新報社

デジタルの影響下にある現在の資本主義を「＋デジタル資本主義」と定義し分析するとともに，これからの資本主義の行方を幅広い視点から考察している。

第9章

デジタル社会の観光マーケティング：
トリップアドバイザーの口コミプラットフォーム

1　はじめに

　あなたが観光旅行に出かけるとき，宿泊施設，交通手段，目的地にある観光スポットやアクティビティなどの情報を知りたいと思うはずである。

　公益財団法人日本観光振興協会（2018）の調べによると，観光客が旅行に出かける際，参考とした情報源は図表9-1の通りである（アンケートは複数回答である）。「ガイドブック（42.1%）」「パンフレット（30.7%）」など，紙媒体が今でも重要な情報源になっている一方，「インターネットの書込情報(41.2%)」がガイドブックとほぼ同じ割合で参照されていることが分かる。インターネットの書込情報とは，OTA（Online Travel Agent：楽天トラベルなどネット上の旅行会社）や口コミサイト等に投稿されている顧客の声である。観光事業者や公的機関が運営しているホームページの閲覧は，選択肢「インターネットでの広告」に含まれるが，全体の24.1%にとどまっている。観光は現地に赴かなければその価値を判断することが難しいという特性がある。そのような状況の中で，観光客が訪問前に予約や購入の意思決定をするためには，観光地に関する情報を探索しなければならない。その情報として重視されているのがいわゆる口コミである。

　口コミとは，商品・サービスに関する他者の評価情報であり，インターネット以前は，知り合いから直接口頭で伝え聞くものであった。インターネットが登場した後，不特定多数の人がネット上に投稿した評価情報も口コミとして位

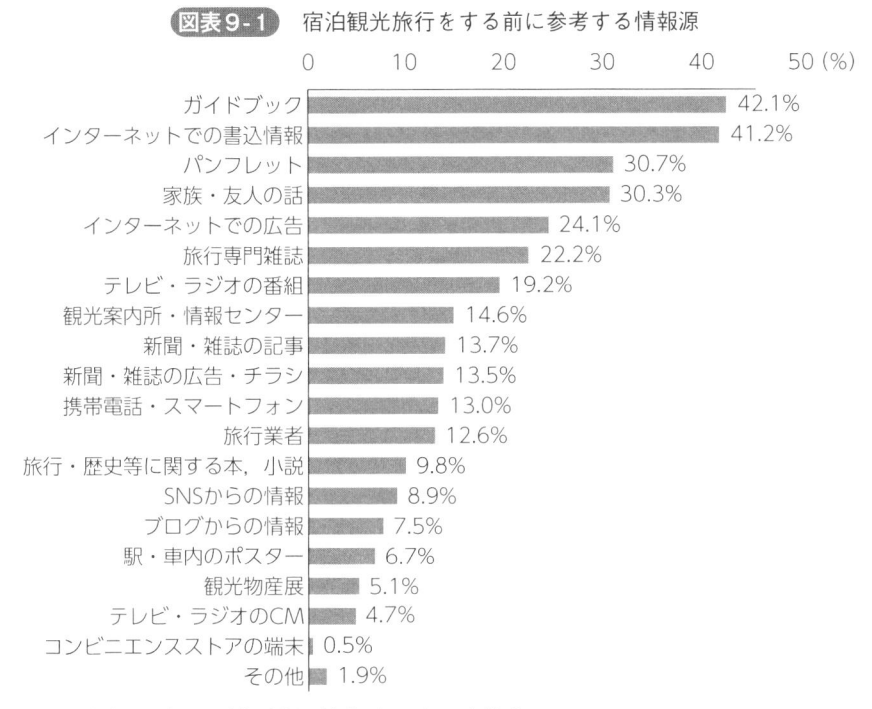

図表9-1 宿泊観光旅行をする前に参考する情報源

情報源	割合
ガイドブック	42.1%
インターネットでの書込情報	41.2%
パンフレット	30.7%
家族・友人の話	30.3%
インターネットでの広告	24.1%
旅行専門雑誌	22.2%
テレビ・ラジオの番組	19.2%
観光案内所・情報センター	14.6%
新聞・雑誌の記事	13.7%
新聞・雑誌の広告・チラシ	13.5%
携帯電話・スマートフォン	13.0%
旅行業者	12.6%
旅行・歴史等に関する本，小説	9.8%
SNSからの情報	8.9%
ブログからの情報	7.5%
駅・車内のポスター	6.7%
観光物産展	5.1%
テレビ・ラジオのCM	4.7%
コンビニエンスストアの端末	0.5%
その他	1.9%

出所：公益財団法人日本観光振興協会（2018）より作成

置づけられるようになり，それを「e口コミ」として，従来の口コミと切り分けて考える場合もある。

　本章では，観光に関する世界最大の口コミサイトであるトリップアドバイザーを事例として取り上げる。同社の口コミは，世界中の観光客の行動に強い影響を与えているが，どのような方法で口コミから利益を生み出しているのか，デジタルマーケティングを理解する上で重要となるいくつかのキーワードを踏まえながら考察していくことにする。

2　世界最大の観光口コミサイト「トリップアドバイザー」

2.1　トリップアドバイザー

　トリップアドバイザー（TripAdvisor LLC）は，2000年2月にCEOのス

ティーブン・カウファー（Stephen Kaufer）を中心にアメリカで設立された。日本語版サイト（https://www.tripadvisor.jp）は2008年にスタートしている。OTAの場合，観光事業者側が料金を支払って宿泊施設の情報を掲載しなければならないが，トリップアドバイザーの場合は無料で登録できるようになっている。国内外で知名度が高く，日本の観光事業者にとっては，訪日外国人観光客を獲得するための重要な集客チャネルとなっている。

　現在（2019年2月28日），世界各国で810万以上の宿泊施設，航空会社，観光スポット，レストランが掲載されており，7.3億件以上の口コミが投稿されている。世界49の国と地域における同サイトへの訪問者数は月間平均で4億9,000万人に達している（TripAdvisor, 2019）。例えば，楽天トラベルに登録されている国内の宿泊施設数は3万3,484件，口コミ数は約1,024万件（2019年4月2日現在）であるが，これと比較すれば，トリップアドバイザーの規模がイメージできるであろう。

　ネット上の消費者行動について調査を行っているComscore（コムスコア）によれば，ホテルの公式サイトで予約をした観光客のうち74%が予約前にトリップアドバイザーへアクセスしており，予約検討をしている人がネットを使用している時間のうち25%をトリップアドバイザーのアクセスに費やしているという（TripAdvisor, 2017）。この調査から同サイトが観光客の行動に大きな影響を与えていることが分かる。

　ちなみに，Comscoreは，調査協力している消費者のパソコンやスマホに測定用のソフトウエアをインストールしてもらい，サイトへのアクセス状況を詳細に記録できるシステムを構築している。

2.2　トリップアドバイザーの影響力：観光スポットランキング

　近年，トリップアドバザーが発表する観光スポットのランキングをニュース等で目にすることが多くなった。その中のひとつに「外国人に人気の日本の観光スポットランキング」がある。

　同ランキングが注目されている背景には，日本人が定番と考えている観光スポットと，外国人が支持している観光スポットとのギャップがある。例えば，フクロウとふれ合えるカフェ「アキバフクロウ（東京都千代田区）」は2017年

のランキングで，奈良の東大寺，京都の清水寺，金閣寺を抑えて2位（前年9位）となっている。筆者は，ランキングを通じて，このカフェをはじめて知った。

　また，2014年から2018年まで5年連続1位となっているのは，京都市にある「伏見稲荷大社」である。境内の参道に沿って，数百の赤い鳥居が重なり合って立っている「千本鳥居」が注目されているのだという。この鳥居は願い事が叶ったことへのお礼として奉納されるため，鳥居の裏側には奉納した人名・企業名が日付と共に筆書きで記されている。この漢字が，いわゆる「クール」と評価されているのである。また，最寄り駅がJR京都駅から5分程度のところにあり，駅前から参道へつながっているという利便性や，拝観料が無料であることも支持される要因となっている。伏見稲荷大社は，京都の中でも有名な観光スポットのひとつではあるが，関西に住む筆者としては，東大寺，金閣寺，姫路城を抑えて5年連続1位であることに多少の驚きがあった。

　『京都市観光調査年報』の2000年版を見ると，京都市内を訪れた観光客（日本人と外国人の両方）が訪問した地域のトップ30に伏見稲荷大社は含まれていない。その後，調査は2010年まで行われているが，伏見稲荷大社がトップ30に顔出すのは，2004年の24位がもっとも高く，その他の年度では，ランク外または28〜30位にとどまっているのである。2016年から，日本人が訪問する観光地のデータが取得されるようになった。この年の訪問先として「伏見周辺」が7位となっている（京都市観光局，2016）。これは，トリップアドバイザーのランキングによる効果でないかと考えられる。外国人の観光行動が日本人の国内観光に影響を及ぼした事例と言えるであろう。

2.3　改善の指針としての口コミ

　観光に関する口コミは，観光客が目的地や宿泊先について知るための参照情報という機能だけではなく，観光事業者が自らの商品・サービスを改善するための指針としても活用されている。例えば，スイスホテル南海大阪（大阪市内）は，口コミを業務改善に活かしているという。同ホテルでは，2009年より，トリップアドバイザーやOTAに書き込まれた口コミをポジティブな内容，ネガティブな内容に分類し，「ボイス・オブ・カスタマー（VOC）」として紙に

取りまとめ，各部門の責任者に毎月届けて改善を促すようにしている。現場に対しては，その内容だけではなく，それを要求している顧客数（口コミ数）を明確に提示できるため，改善が進みやすいという（日経BP，2015）。もちろん，ホテル側の努力を評価する投稿も多数あるため観光事業者は，観光客からの評価を改善へのモチベーションにもできるのである。

2.4　口コミの品質管理と優位性

　トリップアドバイザーの口コミは，文章・写真・5段階評価（図表9-2）から構成されている。このような口コミはOTAにも投稿されているが，トリップアドバイザーは，投稿の多さに加えて，次の3点において差別化が図られている。

図表9-2　伏見稲荷大社の5段階評価の表示

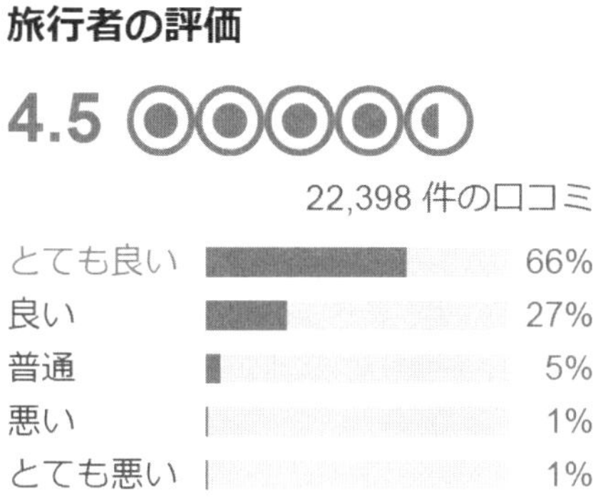

旅行者の評価

4.5 ⬤⬤⬤⬤◑

22,398 件の口コミ

とても良い	66%
良い	27%
普通	5%
悪い	1%
とても悪い	1%

出所：トリップアドバイザー 2019年4月2日時点

2.4.1　口コミの公正性・中立性

　投稿された口コミは観光事業者側で削除できない仕組みになっており，ネガティブな内容が投稿されたとしても，そのまま掲載されることになる。また，トリップアドバイザーは観光事業者が観光客に対して口コミを投稿してもらうように促すことを推奨しているが（図表9-3），投稿の見返りとしての特典を禁じている。さらに，同社内には，広範囲な専門知識を動員して，不正な口コ

ミを検出・監視・防止するための専門チームがある。投稿された口コミはすぐにサイトへ反映されるのではなく，専門スタッフによって確認された後に閲覧できる仕組みとなっている。不正な口コミが発見された場合，該当施設については，検索結果における表示順位を下げるといった対応のほか，不正な口コミが掲載されている可能性があることを示すメッセージを施設の紹介ページに掲載することもある。

2.4.2　口コミ対象の網羅性

観光客にとって関心があるのは宿泊施設だけではない。現地にある様々な観光名所，各種アクティビティ，飲食なども観光旅行には不可欠な要素である。OTAの口コミは宿泊施設が中心となっているが，トリップアドバイザーは，宿泊施設はもちろん，建造物，各種施設，地域など多種多様な観光資源を対象としており，観光客にとって，利便性が高いと言えるであろう。

図表9-3　口コミを推奨するステッカー（英語版）

出所：トリップアドバイザー

2.4.3　海外における認知度

多様な言語によって口コミが投稿されていることから，訪日外国人観光客の集客チャネルとしての効果が高いと言われている。例えば，伏見稲荷大社は28種類の言語で口コミが投稿されている（2019年4月2日現在）。トリップアド

バイザーによって，世界中の観光客が日本国内の宿泊施設や観光スポットについての口コミを読むことができるのである。

2.5　2つのビジネスモデル

　観光事業者にとって，トリップアドバイザーは無料で利用できるサービスであり，オプション機能を使わない限り使用料金は発生しない。それにもかかわらず，2018年の売上は約16億1,500万ドルとなっている。同サイトは次の2つのビジネスモデルによって売上を生み出しているのである。

　1つ目は，トリップアドバイザーを媒体としたネット広告である。売上全体の約72%を占めている。広告主はおもに宿泊施設，OTA，その他の観光事業者等である。広告費の設定方法は多様であり，広告の表示に対する課金，クリック（広告主のサイトへのアクセス）に対する課金などがある。同社は，膨大な数の口コミによって多くの閲覧者を獲得し，その閲覧者を観光関連の事業者に送り込んでいるのである。また，「トリップアドバイザー」以外のブランド名でも複数のサイトを所有しており，それらも有力なネット広告の媒体として機能している。2つ目は，トリップアドバイザーに登録しているレストラン，体験ツアー・チケット等に顧客が予約を入れ，決済が確定した時に発生する手数料である。売上全体の約28%を占めている。これは，OTAと類似のビジネスモデルと言えるであろう。

　近年，ネット広告の領域では競争が激しくなっているため，トリップアドバイザーは，直接手数料を生み出す比率を徐々に高めていると考えられる。

2.6　メタサーチ

　トリップアドバイザーの広告に含まれているビジネスモデルにメタサーチという仕組みがある。メタサーチは観光業界で重要な役割を担っていることから，その概要を見ておきたい。

　外国人の女性タレントが，同じホテルの部屋であるにもかかわらず，予約サイト（OTA）によって価格が異なることを説明し，最後に「ホテル？トリバゴ！」のフレーズで終わるテレビCMを見たことがあるだろうか。2017年の上半期のテレビCMで最も放送時間の長かった女性タレントが，トリバゴのCM

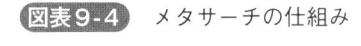

図表9-4　メタサーチの仕組み

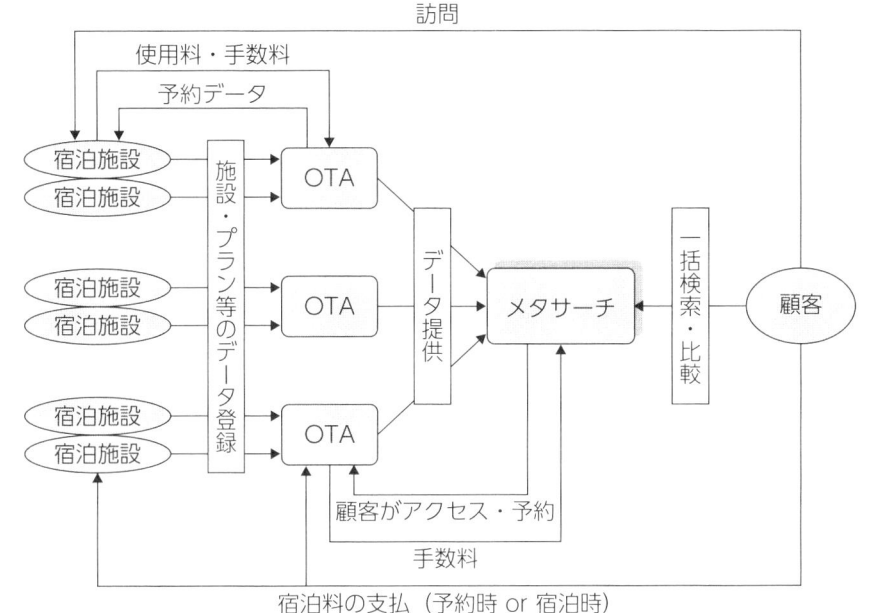

出所：筆者作成

に登場した女性であったという（日経BP，2017）。多くのテレビ視聴者は，新しいホテルの予約サイトかな？と思ったかも知れない。しかし，トリバゴは予約サイトではなく，複数のOTAに登録された宿泊施設のデータを対象として，横断的に一括検索・比較できるメタサーチ（図表9-4）というサービスを提供しているサイトである。顧客がメタサーチ（例えばトリバゴ）の検索結果の中から宿泊施設やプランをクリックすると，それらを取り扱っている外部のOTAのページに移動し，そこで商品詳細を確認して予約するというプロセスになっている。メタサーチには，基本的に宿泊施設のデータ登録や予約機能はなく，情報の検索・比較に特化したサービスを提供しているのである。

　メタサーチは，自社サイトで集客した閲覧者をOTAへ送り込み，OTAから手数料を徴収することをビジネスとしている。手数料が発生する条件は，メタサーチの閲覧者がOTAに移動したときやOTA内で予約・決済を行ったときな

どである。

　メタサーチが影響力を持ちはじめている背景には，多数のOTAが参入している観光業界の実情がある。ひとつの宿泊施設がすべてのOTAに登録しているわけではなく，また，同一の宿泊施設であってもOTAによって価格やサービス内容が異なっているケースもある。本来，複数の宿泊施設を容易に比較・検討できることがOTAの魅力であった。しかし，最適な条件で探そうと思えば，複数のOTAを訪れて比較する必要がある。このことから，OTAを横断的に一括検索・比較することに特化したメタサーチの有用性が高まっているのである。

　トリバゴはエクスペディア傘下であるが，それ以外のメタサーチとして，外資系ではシートリップ傘下の「スカイスキャナー」，ブッキング・ホールディングス傘下の「カヤック」，国内企業ではオープンドアが運営する「トラベルコ」，カカクコム傘下の「フォートラベル」，LINE傘下の「LINEトラベルjp」などがある。観光業界では，トリップアドバイザーもメタサーチのひとつとして位置づけられることがある。

3　トリップアドバイザーの口コミプラットフォーム

3.1　観光の口コミ「プラットフォーム」

　トリップアドバイザーは，世界各地の宿泊施設や観光スポット，レストラン等に関する口コミを投稿・閲覧できる「プラットフォーム」である（図表9-5）。ここで言うプラットフォームとは，その仕組みを設計・運営する企業だけではなく，多くの顧客や他の企業が，その仕組みを認知して集まり，活用することで価値が生じるビジネスモデルのことである。

　本章の事例で言えば，プラットフォームの設計・運用者がトリップアドバイザーである。そして，同サイトを観光に関する口コミの場として，多くの観光客と観光事業者が活用している。投稿された口コミは，観光客，観光事業者，トリップアドバイザーの協働によって生み出した無形の資産であり，同サイトの価値の源泉であると言える。また，観光客は報酬を受け取ることなく，この無形資産の形成に寄与しているのである。

図表9-5 観光口コミ「プラットフォーム」としてのトリップアドバイザー

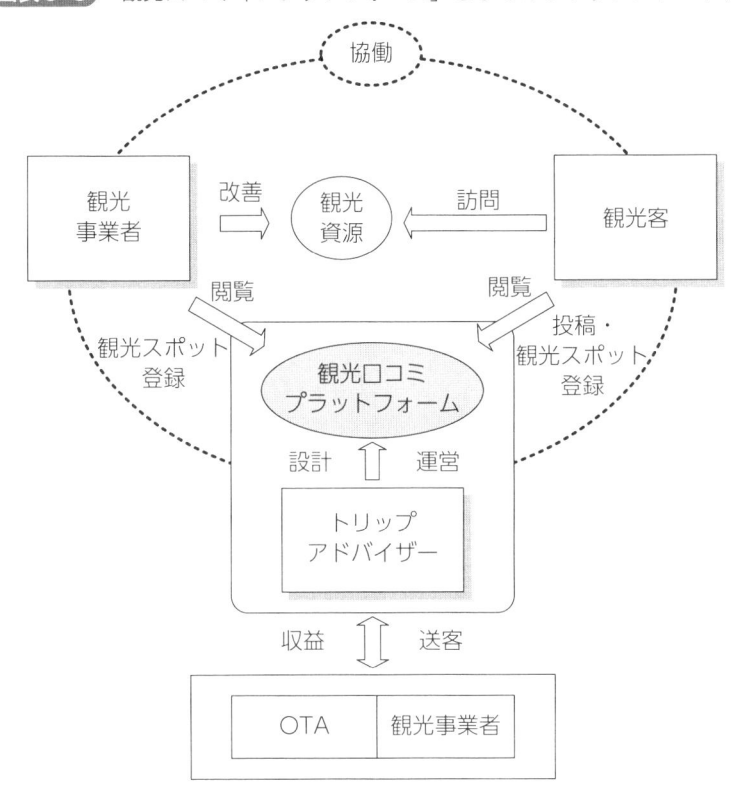

出所：　筆者作成

3.2　ネットワーク効果

　ある人がネットワークに参加したとき，その人だけがネットワークからの効用を得るのではなく，既にネットワークに参加している他の人にも効用が波及することを「ネットワーク効果」と呼ぶ。ネットワーク効果については，電話の喩えで説明されることがある。通信ネットワークである電話網に新しく加入した者には，他の人と通話ができるというメリットが生じる。しかし，そのメリットは新規加入者だけに生じるのではなく，すでに加入している人にとっても，話せる相手が増えるという意味でメリットが生じている。ネットワークの加入者が増えれば増えるほど，そのネットワーク自体の価値が高まることにな

る。これがネットワーク効果である。

　電話網と同じように，トリップアドバイザーにもネットワーク効果が働いていると言えるであろう。同サイトを使い始めた観光客は，そこに投稿されている口コミから何らかのメリットを得る。そして，参加者の中には，口コミを投稿する者が出てくるであろう。そうなると，他の参加者にもメリットが生じることになる。さらに，口コミによって宿泊施設や観光スポット等を訪問する者が出てくれば，観光事業者にもメリットが拡大することになる。つまり，プラットフォームとして，利用者を１人でも１社でも増やすことが，トリップアドバイザーにとっての価値向上につながるのである。そのために，同サイトは，誰もが安価に使用できるインターネット技術を活用し，基本サービスをすべて無料（フリー）にしている。

3.3　プラットフォームとフリー戦略

　読者の皆さんは，Googleが提供している検索エンジンやGmailをはじめ，Facebook，Twitter，Instagram，LINE，YouTubeなど，何らかのクラウドサービス（cloud service：ネット上で提供されているサービス）を使用しているのではないだろうか。代表的なクラウドサービスの多くは，トリップアドバイザーと同じように，ネットワーク効果が期待できるビジネスであり，各領域におけるプラットフォームとして，基本機能が無料で提供されている。

　サービスを提供しているのは企業であるため，無料でありながら，同時にマネタイズ（monetize：収益化）の仕組みをプラットフォームに内包している。トリップアドバイザーは広告課金や予約決済に伴う手数料等を中心とした収益化の仕組みを備えていた。このような仕組みを含めた商品・サービスを無料で提供する戦略を「フリー戦略」と呼ぶことがある。Anderson（2009）は，無料で提供されている事業には，次の４つのモデルがあることを示した。

3.3.1　直接的内部相互補助

　無料で商品・サービスを提供することで，その他の有料商品・有料サービスを購入してもらう方法である。例えば，カラオケボックスの無料券などがこれにあたる。カラオケが無料で使用されるので損失は出るが，飲食などが有料で

あるため，その利益で補塡するという考え方である。その他には，ピザを1枚購入したらもう1枚付いてくる，といったキャンペーンもこのモデルである。

3.3.2　三者間市場

利用者からお金を徴収するのではなく，第三者が費用を支払うモデルである。昔からある手法としては，テレビ・ラジオのCMがある。利用者は無料で視聴し，実際に費用を支払っているのは，番組の中でCMを流す第三者の企業である。トリップアドバイザーをはじめ，Google，Facebook，Twitter，Instagram，LINE，YouTubeなどは，サイト内・アプリ内に広告表示の仕組みが折り込まれている。このような三者間市場はクラウドサービスのマネタイズにおいて中心的なモデルとなっている。

3.3.3　フリーミアム

基本的な商品・サービスを無料で提供し，ワンランク上の内容を求める場合にだけ有料になるモデルである。例えば，レシピサイトの大手「クックパッド」は，誰でも無料でレシピを見ることができる。しかし，本格的に使い始めると，「レシピを人気順で検索したい」というようなニーズが出てくる。無料会員のままでは細かい検索はできないが，有料会員になると多様な検索が可能となる。

トリップアドバイザーも，宿泊施設を運営する事業者が有料会員になると，施設の紹介ページに公式サイト，特典，電話番号，メールアドレスなどが掲載できるようになり，集客レベルが向上するといったメニューを用意している。

ちなみに，フリーミアム（Freemium）とは，「Free（無料）」と「Premium（割増金・質の高い）」を組み合わせた造語である。

3.3.4　非貨幣市場

上記の3つとは異なり，商品・サービスの中にマネタイズの仕組みを持たなモデルである。まさしく無料（フリー）である。金銭的利益を目的にしていないボランティアと寄付によって運営されているウィキペディアは，このモデルに含まれる。

3.4 デジタル情報と限界費用

　トリップアドバイザーをはじめ，クラウドサービスとしてのプラットフォームを考察する際，もう一つ重要な視点がある。それは，ビジネスの核となる資産が無形のデジタル情報であり，その特性がプラットフォームの運営コストのあり方と深く結びついていることである。

　デジタル情報（トリップアドバイザーの場合は口コミ情報）は，読む人が多くなったからといって，同じコンテンツをいくつも用意する必要はなく，1つあればよい。多くの人が繰り返し読んでも劣化しないため，作り直す必要もない。つまり，利用する人数が多少増えても，それによって発生する追加的なコストは極めて小さい。ネット広告について言えば，クリックの回数が増えると売上は増加するが，それによってトリップアドバイザーが追加的に支払うコストはほぼ発生しない。

　一方，有形の洋服や紙の書籍であれば，顧客数や販売数が増えると売上は増加するが，その分，従業員の販売に要する時間も増加していく。増えた分だけ新たなコスト（例えば人件費など）がかかることになる。ネット通販の場合も，売れた分だけ梱包作業や宅配料は増えることになる。

　近年，「限界費用（marginal cost）」という用語を使って，クラウドサービスやプラットフォームの特性を議論することがある。この場合の限界費用とは，経済学の用語であり，商品・サービスの販売が増加した際，それに伴って追加的に発生する費用のことである。販売が増加しても，その販売のために必要となる追加的な費用がゼロに近い，もしくは極端に少ない場合，「限界費用はゼロ（に近い）」「限界費用は小さい」と表現する。有形の洋服や紙の書籍は販売量がひとつ増えれば，ひとつ販売するための費用が追加的に発生するが，無形のデジタル情報の場合は，追加的なコストがほとんど発生しない，つまり限界費用がゼロに近いということになる。

　トリップアドバイザーが，1人でも多くの利用者を獲得するために同社のサービスを無料開放できるのは，フリー戦略によるマネタイズの仕組みだけではなく，参加者の増加に伴って比例的に運用コストが増加しないという特性が背景となっているのである。

4　おわりに

　検索，メール，ツイート，メッセージ，動画などにおいて，私たちが身近に使用している無料のクラウドサービスは，各領域のプラットフォームとなっている。トリップアドバイザーは観光の口コミ領域におけるプラットフォームと言える。ネットワーク効果が働くため，多くの人がそのプラットフォームに集まり利用してもらうことで，サービスとしての価値が向上する。サービスを設計・運営する事業者（トリップアドバイザー）は，1人でも多くの利用者を集めるために，基本機能を無料（フリー）で解放し，フリー戦略によってマネタイズしている。また，デジタル情報がベースとなっているクラウドサービスは，インターネット以前のビジネスと比較して，限界費用が小さいことから，フリー戦略と馴染みやすいという特徴がある。

　今後も，観光業界における口コミ「プラットフォーム」は必要不可欠な存在として，多くの観光客や観光事業者から活用されるはずである。そして，トリップアドバイザーは，そのプラットフォームの設計・運営者として支持されることになるであろう。しかし，その一方で，注視すべき動向がある。それは，Googleが口コミの無料プラットフォームを立ち上げ，観光に関連するあらゆる施設・場所の口コミを収集しはじめていることである。例えば，伏見稲荷大社について見れば，現時点（2019年4月2日）で，トリップアドバイザーの口コミ数が22,398件であるのに対して，Googleは14,784件にまで迫ってきている。今後の両社の動向は，マーケティングにおける重要な学びを提供してくれるであろう。

■さらに学びたい方へ

アレックス・モザド，ニコラス・L・ジョンソン 著，藤原朝子 訳（2018）『プラットフォーム革命』英治出版（Alex Moazed and Nicholas L.Johnson (2016) *Modern Monopolies: What It Takes to Dominate the 21st-Century Economy*, St. Martin's Press）

Google，Amazon，Apple，Facebook，Airbnbは，どれもプラットフォームビジネスを展開している企業である。この本は，多くの事例を通じて，プラットフォームビジネスの意味について教えてくれる。読み物としても大変面白い。

第 10 章

デジタル社会のリレーションシップ・マーケティング：
RIZAP AI，IoTを活用したCRM戦略の革新

1　はじめに

　人と人が関係（リレーションシップ）を築くこと，またそこでの対話（インタラクション）によって価値を創造することが非常に重要となってきている。

　企業や店舗が従業員や独自のシステムを通じて顧客と関係性を構築することは多くのメリットをもたらす。本章ではとくにリレーションシップとデジタルの融合を通じた，インタラクションの進化，顧客変革（自己実現）の創造に関してケースを通じて学び，リレーションシップ・マーケティングを理解する。

2　顧客の自己実現をサポートするサービス：
RIZAPのデジタル・マーケティング

2.1　RIZAP株式会社

　近年大量の情報を集約，処理できる情報システムを活用し，企業が顧客との関係性を構築することを目的とする経営手法としてCRM（Customer Relationship Management：顧客関係管理）が飛躍的な発展を遂げている。

　これらは情報機器や情報システムの発展と共に進化している。こうしたCRMシステムを活用し，顧客との長期的な関係性を構築し，顧客の自己実現をサポートするサービスを提供しているのがRIZAP株式会社である。

　「結果にコミットする。®」，パーソナルトレーニングジムを運営するRIZAP

は，瀬戸健社長がこれまで健康というキーワードで進化してきた中で生み出してきた新しいビジネスである。RIZAPではいわゆる「三日坊主市場」への寄り添いを主なビジネスの主軸としている。こうした三日坊主市場にはダイエット，ゴルフ，英会話のほか，料理教室（COOK）などをも展開している。これらは必要に迫られなければなかなか本気で取り組むきっかけを得ることができないものである。こうしたニーズに関して寄り添い型のサポートを提供している。これらは，ダイエットと同じく，知識がなく，基礎ができていないため失敗をすることが多い点で共通している。

　RIZAPに来る顧客の大半はダイエットや体づくりが目的である。女性も自分の体型に悩みがあり，テレビCMを見て，自分もその可能性を求めて参加することが多い。男性の場合は，中年特有の代謝の低下による肥満や，生活習慣による血糖値やコレステロールなどが明らかになり，気になりだした人たちが顧客として多くいる。軽くダイエットを行うためのような顧客だけでなく，切実な悩みを持って来る顧客もいる。RIZAPでは，主として生活改善，食事改善，トレーニングの3つを顧客に提供し，サポートしている。これまで積み上げてきた経験知から，生活改善，食事改善，トレーニングを提供し，リバウンドをしにくい生活に変えていく。そのプロセスの副次効果として体脂肪，糖尿病や高血圧などさまざまな数値が改善し，健康になっていく顧客が多く現れている。こうした健康推進をRIZAPはビジネスモデルとして据える。

　現在までに急成長を遂げてきたRIZAPは，今後成長を続けていくにあたり，新規顧客だけでなく既存顧客に対する価値提案をできる環境づくり，すなわち関係性の高次元化を目指している。顧客が成果を出し続けることに寄り添うために，サービスの質の向上が課題となっており，そこにおけるトレーナーの数や質，それらを補うIT（情報技術）やAI（人工知能）ツールの活用を進めようとしている。つまりRIZAPのサービスや店舗が拡大する中でどのようにトレーナーを育成し，ITによってサービスの質を向上させることができるかが課題となっているのである。トレーナーと顧客という人と人とのつながりによる強く温かい絆は活かしつつも，ITをサービスのさまざまなシーンで活用し，RIZAPブランドを向上させていくことを，事業成長に不可欠なものとして位置付けている。そのためにRIZAPでは，テクノロジーの活用によるデジ

タルシフトが進められており，経営プラットフォーム全体を変え，グループの
グローバル経営基盤をつくることが目標とされている。そこでRIZAPでは最
先端の技術をもつ他企業とのゆるやかな企業間の関係性を構築し，コラボレー
ションによってより新しい計測機器や，端末など主にテクノロジー関連の開発
を進め，また研究成果を関連事業における商品開発の技術，すなわちRIZAP
らしい価値を付加した商品開発につなげていくような取り組みを行った。

2.2　RIZAPとIoT

　RIZAPにおけるCRMは，ただ顧客との関係性を管理することとしては捉え
られていない。顧客のログをすべて取り込むことによって，顧客の変化をすべ
てリアルタイムでとらえている。通常では，生年月日や住所，体型，購買履歴
などのデータを取ることが多く，更新するデータといえば住所，購買履歴が主
なものになる。RIZAPでは，顧客の体重，体脂肪率等の体型の変化，トレー
ニング，食事，睡眠，サプリメント等の購入履歴に至るまで，あらゆる動きを
すべて「変化」としてとらえ，RIZAPのノウハウとして蓄積し，顧客への自
己実現へのサービス向上に活用している。ここで力を発揮するのが独自のビッ
グデータであり，IoTやスマートフォンなどで記録できる多くの数値を顧客の
変化として記録している。RIZAPではスマートフォンアプリ「RIZAP touch
2.0」を顧客に配布しており，顧客自身で毎日の食事や間食等の食べたものを
撮影し，食事内容，体重，体脂肪率，睡眠などをアップロードしてもらい，こ
れらに基づいてトレーナーがインタラクションやアドバイスを行う材料として
いる。またトレーナーが顧客と接しているときに気づいて記録されるデータも
ある。トレーナーと顧客の会話もチャットベースで行うことによって，すべて
テキスト情報として記録され，分析へとつなげている。また食事をカメラで撮
影するだけでAIが自動で画像を解析し，栄養素を算出する機能「フードアナ
ライザー」を実装し，食事管理を簡便に行うことができる。これらのデータは
すべてビッグデータとして蓄積され，顧客分析やAI分析を行う段階での素材
として利用されている（図表10-1）。

　また，RIZAPに初めて来店する時のカウンセリングでは，顧客自身がどれ
くらいの期間で何kgの減量が可能なのか想像がつかず，「どんな体を目指せる

図表10-1　フードアナライザー（左），目標管理グラフ（右）

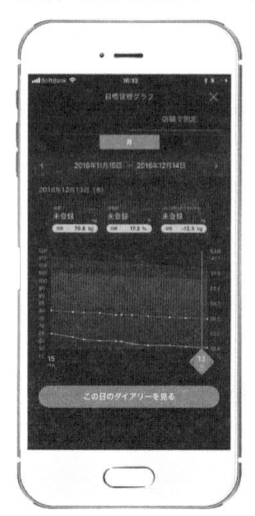

出所：RIZAP株式会社

のか」の目標が見出せない場合がある。しかしRIZAPが独自で開発したカウンセリング専用アプリ「Navigator 2.0」を使えば，体重・体脂肪率がどれくらいのペースでどこまで落ちていくかを瞬時に具体的な数値をグラフで提示することができる。これは顧客の気持ちを後押しすることにも一役買っており，例えば，「入会するかどうか？」を迷っている顧客に，「Navigator 2.0」の画面をご提示することで一気にモチベーションが上がり，「何ヶ月プランで体を変えていくか？」に視点が変わることもあるという。体重・体脂肪率の変化を可視化することで明確な目標ができ，モチベーションアップにもつながっている。

2.3　RIZAPのCRM

　一般的な意味でのデジタル・マーケティングとは，購買記録などの情報からプロモーションやレコメンデーション（顧客個人への推奨）につなげていくことであると考えられることが多い。RIZAPではマーケティングの本質として顧客のニーズにまずどれだけ応えていくことができるか，またその結果としての口コミや評判が重要であると考える。つまり，顧客がRIZAPに来た時に，

　必ずうまくいく，なりたい自分になれること，自己実現の達成の確信である。

　その目的のために手段としてテクノロジーを活用している。RIZAPに来れば必ずうまくいく，という信頼や結果へのコミットを重視している。

　またRIZAPのCRMでは，基本的にすべての情報を追跡することを考えている。

　すべてとは，会員になる前の問い合わせの段階からの情報も含まれる。入会の段階で電話の問い合わせをする人はかなりの確率で入会するケースが多い。

　すなわちRIZAPでは，問い合わせの情報から，その会話の記録，RIZAP店舗への来店予約，カウンセリング内容，契約までの情報をすべてデータとして記録される。中には待ちきれずに他社のサービスに移る顧客もいる。こうした入会できなかった顧客，問い合わせをしてきた顧客のデータは宝の山である。こうしたデータを例えば住所や地域でアプローチすることによって，新しい店舗の開発を計画的に行うことができる。

　また他社のサービスに移った人には，時間をおいてアプローチをしてみると，やはり結果が出ておらず，RIZAPを再検討するきっかけにすることができる。また中には，はじめての来店の予約をしていたが，来店することがなかった人に対して再度アプローチすることによって，気軽な気持ちで再度の来店を促すことができる。

　以前では入会手続きをした人を中心に顧客名簿がつくられていたが，CRM活用後では問い合わせがあった瞬間から顧客名簿がつくられるようになった。

　これによって問い合わせから入会までの間，どこで顧客が離脱しているのかが把握でき，そこにきめ細かな対策を打つことができるようになった。例えば，入会をしてから，来店するまでの間，店舗の予約が埋まっており，来店までの期間が空いてしまった場合，その顧客は来なくなってしまう場合が多いことがデータ分析からわかってきた。逆に来店予約日までの期間が無い場合ほど，契約来店率がかなり高いことがCRMの活用によって見えてきた。これによってカウンセラーの増員などの必要性が対策として認識されてきた。一度入会をし，来店をした顧客に関するデータが継続的に記録されて行くので，より結果を出すことに向けて進みやすくなる。

　RIZAPでは，ご納得いただけない顧客には30日間全額返金を行っている。

そのため，RIZAPでは途中で辞めてしまう顧客に関するあらゆる要因をデータから分析することによって，そのような顧客を減少させるための施策が見えるだけでなく，これらの顧客を1％減らすだけでこうしたCRMに関する投資費用が回収できてしまうのである。その1つの対策として見えてきたのが，トレーナーとの相性がある。男性のある年齢層に相性が良いトレーナー，逆に女性のある年齢層に相性が良いトレーナーがいる。トレーナーは重要な役割を担っている。トレーナーは顧客に変革を促すために，かなり顧客に対して踏み込んだ話をすることがある。同じ言葉でも，男性に言われるのか，女性に言われるのか，年上に言われるのか，年下に言われるのかで効果が違ってくる。1つの例では女性の顧客は女性のトレーナーを希望することが多いが，逆に若い男性のトレーナーに担当させたほうが継続率や効果が良いことがわかってきた。またトレーナーにもさまざまなバリエーションがあり，ふんわり曲線美のボディラインや大規模な減量などなりたいボディスタイルに応じて過去に実績をもつトレーナーが担当に就くなど，最も継続率が高い組み合わせの明確化を実績として蓄積してきた。

RIZAPを終了した顧客にもアプリや定期的なトレーニングセッションなどの案内を送り，顧客との関係性を維持し続けながら，顧客の健康を管理できる体制をつくりあげている。

2.4 AIの活用

RIZAPでは体の使い方や，癖，うまくいくためのコツなどを数値として見える化し，そのコツをよりわかりやすい情報として体の動かし方や，運動のコツを伝えることができる可能性をもつものとして捉えている。RIZAPでは，テクノロジーと，大学を中心とする医学的知識とのコラボレーションを行いながら，より画期的なトレーニング手法への開発を進めている。

RIZAPはAIに関連する企業と共同でRIZAPのデータを利用して，レコメンデーションにつながるようなエンジンの開発などを行っている。またアプリでは，これまで顧客の1日の食事を写真と文字で何を食べたのかをトレーナーに伝えて管理していたのが，新しく「フードアナライザー」を実装したことによって写真から何を食べたのか，糖質がどのくらい含まれているのかなどの

栄養素をAIが瞬時に算出できるサービスも提供している。これらが「RIZAP touch 2.0」に組み込まれ，よりトレーナーと顧客の間のインタラクションが活発化することによって，より確実なアドバイスを提供できる環境作りを行っている。

　また，RIZAPの関連会社である補整下着メーカーのマルコでは，3Dボディグラフィカを導入している。3Dボディグラフィカとは，顧客の身体を立体画像データとして可視化できるサービスであり，専用のフィッティングルーム内に入りセンサーを作動するだけで，トップバスト，アンダーバスト，ウエスト，ヒップ，太ももなど，360度の計測をわずか10秒程度で行うことができるものである。

　マルコに初めて来店した顧客の身体を3Dボディグラフィカでスキャンし，その後，補整下着を着用して再度スキャンする。3Dボディグラフィカは，ボディラインの凹凸やバランス，体のゆがみなどを立体画像や等高線として見られるため，バストトップの位置，ヒップトップの位置やお尻の丸み，またウエストがどれくらいくびれたかなど，補整下着の着用によるボディメイク効果を瞬時に可視化することができる。人によってはお尻や太ももについている皮下組織が補整下着で整えられることでヒップトップが上がり，脚がスラッと長く見えるというケースもあり，購入モチベーションを高めることに役立っている。

2.5　RIZAPグループ事業間における情報活用

　RIZAPは事業の成長を横展開している。グループ内には，ゴルフ，英会話，料理教室などの自己実現ビジネスだけでなく，これらを起点に，美容やファッション等の自己投資事業を運営する企業を中心としたM&A（合併買収）を行なってきた。それはアパレル企業や，スポーツグッズ，インテリア，ジュエリー，音楽関連，雑貨など幅広い展開である。RIZAPの主力である自己実現ビジネスを中心に得られた顧客データをCRMシステムで統合することも検討している。そこには，コールセンター，アプリ，ECサイトなどさまざまなチャネルを通じた顧客データが集約され，顧客個人ごとに紐づけされ，より顧客のライフスタイルやライフステージの把握から，価値提案に結び付けていく（図表10-2）。これらはRIZAPの既存顧客に寄り添い，顧客との関係性から顧客へ

図表10-2 RIZAP BIG DATA

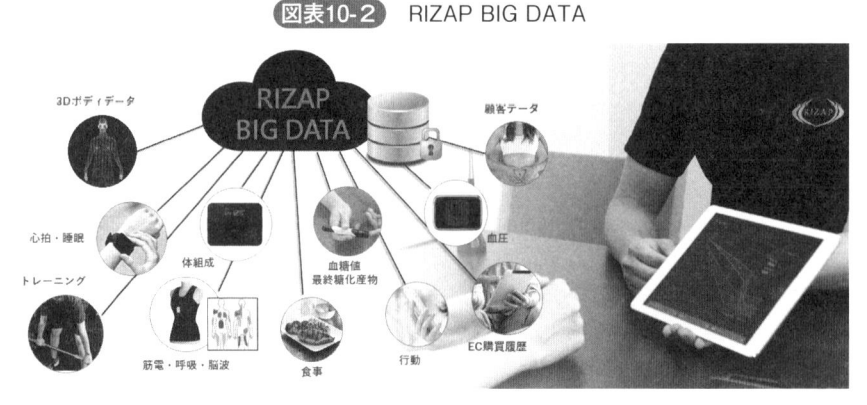

出所：RIZAP株式会社

　の価値提案を行うことで，グループ内における顧客との関係性を効果的に活用する取り組みといえる。

　関連会社で補整下着メーカーのマルコではRIZAPと同様に体型に自信がつき，ファッション意識が向上する顧客が多く，RIZAPに加えてジーンズメイトと共同開発を行い，ヒップアップ効果の高い「ヒップアップパンツ」をマルコ限定で2,000本のテスト販売を行ったところ，即日完売した事により定番商品として引き続き販売する事になった。

　関連会社としてのジーンズメイトでは，RIZAPの顧客データに紐づけられた商品開発が行われた場合，大きな効果が見込まれる。例えば，RIZAPで体型がスリムに変わった顧客は，体型に自信がつき，ファッション意識に芽生え，体の線が露出する服装や，細身のスタイルを着たくなることがこれまでに多く見られている。またジーンズメイトとRIZAPで「マッスルフィットシャツ」を開発したが，これはRIZAPのトレーニングで筋肉がつき，胸筋が大きく，胴が細くなるようないわゆる逆三角形体型にぴったり合ったシャツであり，既存ではこうした体型を強調したシャツがあまり存在していなかったからである。これらもRIZAPで体型変化を達成した顧客のニーズに向けての限定商品として開発されたものである。CRMはこうしたグループ間での顧客との関係性を，実際の商品開発を効果的にするために利用する1つのツールとしての活用が見

られるようになっている。

3　リレーションシップ・マーケティングとデジタル

　RIZAPのケースを見ながら，リレーションシップ・マーケティングの基本的な構造と，長期継続的な関係性と，関係性管理（CRM），またそこにおけるインタラクションの重要性を学ぶことができる。とくにこれらをサポートしていく上でさまざまな顧客データの蓄積，AIやIoTなどのテクノロジーの効果的な活用，デジタルと経営の融合が見られた。以下ではこれらのケースから学ぶ点は以下のようにまとめられる。

3.1　インタラクションの重要性

　インタラクション（対話）とは，関係性に関わる当事者たちが自分自身の考え方をもちながら，互いに対話を行い相手の影響を受け，互いに価値を創造していくことである。そこでは例えばサービス企業の場合，現場のサービスを担当するサービス提供者の役割が大きくなる。サービス提供者の対話方法や顧客との相性も成果に重要な影響を及ぼすとともに，サービス提供者は顧客の状況を観察する最前線の人でもある。また彼らを補うIoTやAIなどのツールと顧客とのインタラクションも重要である。

　RIZAPでは，トレーナーの育成だけでなく，トレーナーと顧客との相性のケースや，顧客のトレーニングに関して行う施策に関する情報を膨大にビッグデータとして記録するとともに，「RIZAP touch 2.0」や「フードアナライザー」などのツールを活用し，さまざまな顧客情報をリアルタイムで記録し，更新し続けることによって，より顧客の自己実現の成果が出るように行うことが可能となっている。RIZAPは新規顧客よりも既存顧客に対して確実な成果が現れるように，より高い密度で情報をデータとして集約し分析することによって，確実な自己実現への成果につなげることが，長期的に自社の価値を高めることになると考えているのである。

3.2　自己実現の創造

　サービスを通じて顧客の理想への変化，もしくは自己実現を提供することは究極の価値提案である。人は美容や健康のために，金銭的コストや時間，苦痛を支払って取り組むことがある。これらは自分を変化させたい，成長したいという自己実現の欲求が基礎となる。こうした欲求に対するサービスを提供するためには，企業は顧客に対してきめ細かなサービスやケアを提供する必要があり，顧客を様々な観点で理解することが重要となる。そのため企業と顧客の間により長期的で密接なリレーションシップが構築される。顧客を自己実現へと導くためには，まずその顧客一人ひとりについて深く理解し，それぞれの思い描く理想を語らせ，表出させなければならない。また目標へとつながる綿密な計画を立てること，さらにその計画通りに導くように的確な指導やモチベーションの維持，精神的・肉体的ケアなどが必要となる。

　リレーションシップ・マーケティングの大きな成果は，企業と顧客が関係性を通じて，理想的な方向性に向けて共に価値を生み出していく価値共創であり，そこでのトレーナーを中心とする人材の役割は大きい。

　RIZAPでは急激な拡大によって店舗の開発やトレーナーが不足していることが明らかになった。顧客の自己実現には多くの苦労や困難を要するが，企業やトレーナーが顧客とより深い関係性を結び，日々情報を活用しながら，顧客に対してアドバイスや施策を講じている。また顧客を理解するためにも，膨大な情報をトレーナーと顧客が共有している。これらはトレーナーの日々の気づきだけでなく，さまざまなアプリなどを通じた日々の顧客の状態の継続的な計測を補助するデジタル機器の活用によってあらゆる変化の記録が可能となったことが大きな効果をもたらしている。これらによって目標通りに顧客の結果が出るよう，より効率的な対策やアドバイスを行うことができる。

　こうして結果を出すことができた顧客は自然に他事業にも契約を考慮したり，また他の顧客におすすめをしてくれたりといった口コミが現れ，より自然な状態でのマーケティングを推進していくことに結果としてつながる。

3.3　リレーションシップ・マーケティング

　リレーションシップ・マーケティングでは，前述のインタラクションを重視しながら，顧客に寄り添い，ニーズを吸収する。そして価値を共創し，大きな成果を出すことを目指す。またより長期的な関係を構築・維持する上で新たな価値を創造することが目標となる。RIZAPの場合，長期的な関係性とはRIZAPで成果を出すことができ卒業した顧客との関係性が中心となる。

　RIZAPで結果を出すことができた顧客には，ボディマネジメントプログラムという月2回のプログラムも提供している。また独自アプリの提供によって自分自身の体重などをセルフで管理できるような仕組みを作り，これらをRIZAPと共有することによって，ある数値が悪くなってしまった場合，それをRIZAP側が把握し，次のアプローチが打てるような状態を構築している。これらは終了後もRIZAPと顧客との関係性を継続させる1つのラインとなっている。

　例えば，誕生日には無料でトレーニングセッションが受けられるというような案内を送るなど定期的なアプローチが行われている。そこで体の状態がRIZAP終了時の状態を維持できているかをチェックし，維持できていない場合はアドバイスを行う。RIZAPを終了した顧客の継続的なフォローも重要な役割を担っているのである。また体型が変わり健康になった顧客には，RIZAPをきっかけに関連事業の新しい衣服や雑貨などの商品，ゴルフや英会話などの展開をすすめていくことにもつなげている。

　最後にRIZAPではこうした顧客のあらゆるデータを収集し，統合されたものを活用する1つの施策として，関連事業での商品開発への活用がある。これらは一見関連性の遠いようなグループ事業間での共同開発や相乗効果を発揮できるような取り組みであり，RIZAPの顧客データを基として開拓されることが多い。とくにRIZAPに通う女性は，かなり美意識が高く，こうした女性に対して美に対する感情面での訴求を行っていくことで，既存にある商品と異なる高い付加価値を提供できるような事業システム構築に取り組んでいる。事業間のコラボによって，より商品の完成度を高め，顧客のニーズに対するケアを行ってくのである。RIZAPの顧客データから商品を開発する根本的な理由は，開発される商品には何らかのメリットや効果があるべきであり，そのメリット

や効果にRIZAPらしい価値提案ができることが基礎としてあるのだ。これらは顧客のデータをより相乗的に活用できる仕組みづくりによって可能になった。

　RIZAP事業の核となるのが，顧客の自己実現と健康のサポートであり，顧客の人生を豊かにすることである。健康と豊かな人生という最も経済に大きな影響力をもつ市場に対してのトリガー役としての存在になれるような企業としてRIZAPは今後も展開を進めている。

　以上のようにRIZAPでは，関係性を軸とすることで，より顧客のライフスタイルやライフステージに対する価値を提案し，顧客の自己実現や健康，豊かな人生を共に創造していくことを行うためのしくみを構築している。今後も健康と自己実現をキーワードとして，顧客との継続的な関係性から得られたビッグデータによって，結果にコミットできるための手法の開発を進め，また他企業とのゆるやかな関係性によるコラボレーションによって新しいテクノロジーを用いた機器や，それらを使ったサービスの開発を進めていく。

4　おわりに

　本章では，RIZAPのパーソナルトレーニングジムをケースとして，主にデジタル手法（テクノロジー）を活用し，CRMではあらゆる顧客のデータを収集，統合管理を行い，サービスでの成果への効果やメソッドの効率性への活用，他事業とのレコメンデーションや独自商品開発に活用されていたことを見ることができた。

　CRM，IoT，AIなどではこれら自体をうまく経営に組み合わせ，関係性の向上や，顧客の自己実現に向けての結果を出すことにどのようにつなげていくかが重要である。人や企業が関係性を結ぶ上でこれまでできなかった精緻な取り組みが，デジタルの進化によって現在可能となった。今後はさらなるデジタルの進歩によって人の感情面への訴求や働きかけが可能となることによって，より深い関係性の構築にデジタルが一役を担うともいわれ，デジタルとリレーションシップ・マーケティングの可能性はさらに広がって行くだろう。

■さらに学びたい方へ

スティーブ・バロン，トニー・コンウェイ，ギャリー・ワナビー 著，田口尚史，庄司真人，菊池一夫，余漢燮 訳（2012）『リレーションシップ・マーケティング：消費者経験アプローチ』同友館（Steve Baron, Tony Conway, Gary Warnaby（2010）*Relationship Marketing: A Consumer Experience Approach*, SAGE Publications Ltd）

本章におけるリレーションシップ・マーケティングに関して，比較的最新のテーマや理論を学ぶことが出来る書籍である。顧客満足から，消費者体験アプローチまで幅広く見ることができる。

クリスチャン・グルンルース 著，近藤宏一，蒲生智哉 訳（2013）『北欧型サービス志向のマネジメント：競争を生き抜くマーケティングの新潮流』ミネルヴァ書房（Christian Grönroos（2007）*Service Management and Marketing: Customer Management in Service Competition, 3rd ed.,* Wiley）

リレーションシップ・マーケティングとそれに関連するサービス・マーケティングに関する原理やこれらの独自性を学ぶことができ，サービス環境やデジタル社会のサービスへの応用が期待される。

岡山武史 編著（2018）『リレーションシップ・マーケティング：サービス・インタラクション』五絃舎

リレーションシップ・マーケティングをより全体的に理解しやすくケースを交えて学ぶことができ，より新しいテーマも見ることができる。

第11章

デジタル社会の教育産業マーケティング：近畿大学のオウンド・メディア・デザイン

1　はじめに

　寿司屋，料亭，居酒屋，旅館の料理メニューにマグロは欠かせない人気食材である。近畿大学水産研究所は2002年にクロマグロの完全養殖に成功した。完全養殖の研究をスタートさせてから約30年が経過していた。完全養殖とは，稚魚からではなくマグロの卵から人工で育てる養殖法である。もちろん世界初めてである。現在は，年間10万尾を養殖し，一般の食品スーパーにも流通させている。さらに2013年には大阪と銀座に，クロマグロをはじめ，近畿大学水産研究所で養殖される多様な魚料理を楽しめる飲食店「近畿大学水産研究所」をオープンした。食材の生産から流通，調理，食体験空間まで一貫して提供している。

　近畿大学が研究，養殖，栽培する食材は，クロマグロにとどまらない。高級魚のクエ（1989年），マイワシ（1991年）の養殖に成功している。それ以外に高級フルーツであるマンゴー，うなぎ味のナマズなど多岐にわたる。

　大学は様々な研究を行い，社会に有益な研究成果を多く蓄積している。しかしその情報の多くは大学内部にとどまっている。公開されている情報が社会に広がり，多くの人々の知るところによって，大学の認知度やイメージの高揚につながる。

　大学が持つ資源の何に注目し，どのような表現を通じて社会に発信するかは，コミュニケーション・デザインの重要な課題である。本章では，デジタル社会

によって可能性が広がる自身のメディア（オウンド・メディア）の構築と運用について，発信する情報のデザインの観点から学ぶ。

2　近畿大学のコミュニケーション展開

2.1　近畿大学

近畿大学は1925年設立の大阪専門学校と1943年設立の大阪理工科大学が1949年に合併して設立された。設立当初は，理工学部と商学部の2学部だったが，2019年現在，14学部48学科に拡大し，約3万3,000人の学生が在籍している。

近畿大学の一般入試の志願者数は2014年度入試で初めて日本一になった。その後，2018年度は15万6,225人に増加し，2019年度は15万4,672人と前年を下回ったものの6年連続の志願者数日本一となっている。近畿大学の志願者数の推移をみてみると1993年の12万人3,692名から減少傾向が続き，2000年には5万1,868

図表11-1　近畿大学の一般入試志願者数推移（推薦入学者数を差し引いた数値）

出所：株式会社ソリューション・パートナーズ

名まで減少した。その後，2003年8万5,506名まで回復したものの，2004年以降は再び減少に転じる状況にあった（図表11-1）。

2.2　大学を取り巻く経営環境

日本の人口は長期間にわたり増加傾向が維持されてきた。特に明治維新後は急速に増加し2008年の1億2,808万人まで増加傾向は続いた。しかし2009年以降は減少傾向に転じ，今後も減少傾向が続く予測である。日本の大学の受験者は主に高校生である。そのため市場規模の推移は18才人口の推移と大学進学率の推移によって変動する。

日本の人口減少の要因の一つは出生率の低下であり，そのため18才人口も1992年の205万人をピークに減少を続け2018年には118万人まで減少している。

一方，大学進学率（大学と短期大学の入学者数の合算を18才人口で除した数値）は1990年の30％半ばから上昇を続け2017年は57.3％となっている。18才人口の減少は受験者の減少に直結する。それを進学率の上昇によって補完していた時代が長期に続いた。さらに大学の収容力（大学と短大の定入学者数を，大学と短大の志願者数で除した数値）は，1990年から上昇が続き，2017年には93.7％となっている。つまり進学を希望する人々の93.7％がどこかの大学，短期大学に入学をしているのである。国内には768校（2018年度に学生の募集を実施）の大学がある（旺文社）。そして前年度に比べて9校増加している。近年の受験者は，上位校，都市部に集中する傾向にある。志願者数上位30大学の志願者数は全体の56％にも及ぶ（旺文社）。さらに，上位10大学の大学で志願者全体の約30％を占める。

このように，大学の市場は長期にわたり成長が続いたため，民間企業に比べて競争は限定的だった。さらに高等教育機関である大学は，横並びの意識が強く，相互に競合校をにらみ募集を行う。そのため自校だけが突出した施策を打つことに対しては消極的であった。そのような背景から，高度なマーケティングへの要求も高いとは言えなかった。しかし，人口動態の変化，進学率の頭打ちは，大学の経営にも大きな影を落とし始めている。平成10年度ぐらいから徐々に入学定員を充足できない大学，学部も発生し始めている。

2.3　エコ出願キャンペーン

　大学の入学願書は一般に紙媒体を使用する。受験生は有償で願書を取り寄せ，記入を終えた願書を郵送で大学に送付する。さらに大学で受け付けが完了した後は，受験票が受験生に送付される。そのような状況の中，近畿大学は2009年，インターネットによる出願受付を開始した。業界全体で長期にわたり続けられた出願手続き方式を変更することへは慎重意見も多かった。受験生，父兄，高校教員，そして大学としても受験は最重要の行事である。そのため2012年度入試まではインターネット出願と従来の願書を使った出願（以下，願書方式）を併行して受付けていた。コスト増加覚悟で2つの出願システムを併存させていたのである。2014年度入試から日本の大学ではじめて願書方式を廃止し，インターネットだけの出願方式に一本化した。近年，各大学は多様な受験生を採用するため，受験制度は多様化していた。受験制度が多様化すれば願書の様式も複雑になる。記入方法，記入ミスの確認など受験生，高校，予備校関係者の負担も大きかった。また願書方式では出願後の受験方式の変更は不可能だった。大学側にも複雑な受験方式の記入間違い確認や，受験料計算など事務負担は増加するばかりだった。インターネットによる出願はこのような問題の解決につながるため，相互に大きなメリットがあった。しかし高校，予備校の関係者が全て導入に賛成というわけではなかった。例えば，インターネット環境が整わない受験生の存在と対応などが指摘された。しかし仮に自宅にパソコンが無くとも，高校にはインターネットに接続したパソコンは存在する。そのため大学の入試担当者は関西地区の高校を中心に直接訪問しインターネット出願の仕組みとメリットを丁寧に説明した。

　導入に踏み切ると，デジタルネイティブの受験生の抵抗は小さくインターネット出願に違和感は少なかった。（日本経済新聞2015年12月7日）

　近畿大学は，インターネット出願に一本化するにあたり，前年度（2013年度）入試においてキャンペーンを実施した。それが「エコ出願キャンペーン」である（図表11-2）。それまでの入学願書を使った出願には膨大な紙を消費する。当時，近畿大学では願書を約13万部用意していた。大学側も願書の請求があれば全て応えなければならない。そのため請求予想を上回る数の願書を準備した。当然，毎年のように使用されない願書が発生する。その数は当時約3万

部だった。これらは翌年使用するわけにはいかないため，3万部の願書を廃棄することになる。この問題を環境負荷に関わる問題として捉えれば，インターネット出願によって3万部の廃棄を無くすことができる。そこで受験生と大学の協働でこの問題を解決するキャンペーンとして位置づけたのが「エコ出願」である。このキャンペーンではインターネット出願率70％の達成目標と，目標達成ができれば翌年はインターネット出願に完全移行することを新聞広告に明記した。

　このインターネット出願に「エコ出願」という名称与えることによって，社会問題の解決につながることとして位置づけた。そして大学の一方的な活動ではなく，受験生と共に社会課題を解決するメッセージとした。しかし13万部の願書と言われても一般の人々はその量のイメージはわかない。そこで「13万部を重ねると東京スカイツリー3本分になる」と表現した。駅張りポスターには，「近大には願書請求しないでください」のコピーと「環境に優しい受験」のメッセージが記載されていた。同時に，インターネット出願は願書出願よりも3,000円安い3万2千円に設定した。その結果，2013年度後期入試では，前年

図表11-2　「エコ出願キャンペーン」駅張りポスター

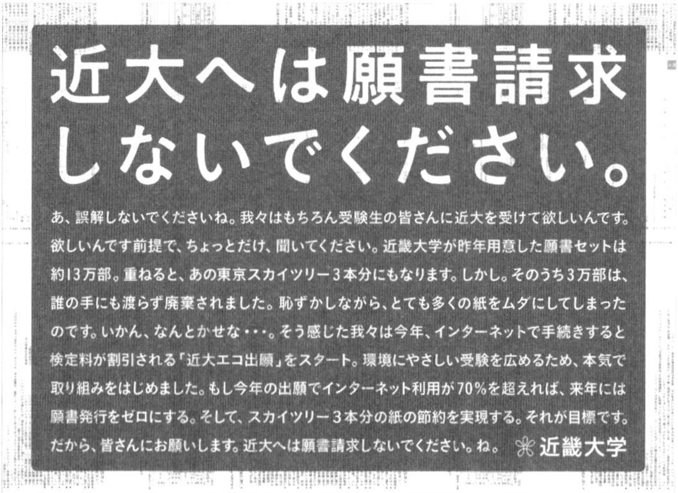

出所：近畿大学

まで2～3％だったインターネット出願は目標の70％に到達した。そして，志願者数は他の施策も相まって過去最高の12万6,923人となった。（日経デザイン2016年5月）。

　社会の問題を解決するメッセージが，業界内のニュースではなく社会のニュースとして伝わったのである。

2.4　「Kindai Picks」

　2015年10月19日　近畿大学はキュレーション型のニュースメディア「Kindai Picks」をオープンした（図表11-3）。キュレーションとは，編集の意味である。博物館，美術館の展示品をどの部屋のどの壁面に展示するかを，来館者の視点から決定するスタッフをキュレーターと呼ぶ。

　確かに，ホームページにはニュースに関する情報は記載されている。しかし

図表11-3　「Kindai Picks」2019年3月26日

出所：近畿大学

社会から見ると探すことが難しいだけでなく，掲載しきれていない情報もある。ただし情報の表現に工夫をすれば個々のニュースのコンテンツ（発信する情報）としての価値は高まる。

「Kindai Picks」はオウンド・メディアとして，近畿大学に関連するニュースをマスメディア，ウェブニュースから調べ上げ，元記事にリンクを張りまとめて掲載を行う。近畿大学のホームページに掲載している情報は，近畿大学が発信した情報と表現である。一方，「Kindai Picks」に掲載している情報は，近畿大学が発信した情報を，メディアが発信すべきと判断し，メディアによる表現によって発信された情報である。当然，近畿大学が発信した情報とは異なる視点で捉えられる場合もある。このように，「Kindai Picks」は，発信した情報に新たな価値が与えられた情報がまとめられている点で，ホームページとは異なる役割をもつ。

一般に企業や行政の情報はニュースリリース（メディア，通信社に向けて配信する情報）や記者会見を通じて社会に発信される。発信された情報は，自社のホームページに情報発信，メディアへの掲載時点に従って時系列に掲載される。ホームページには，自社が発信した情報そのものと，メディアの掲載された事実（掲載情報）が時系列で掲載される。近畿大学のホームページも同じである。一方，「Kindai Picks」には，近畿大学が発信した情報が社会のフィルターを通し捉えられた情報として掲載されている。近畿大学が一方的に発信した情報を掲載するホームページの情報と，その情報を受けて社会のフィルターを通してメディアが発信した情報には違いがある。同じ情報でも受ける側の立場によって，発信情報のどの点をどのように評価するかは異なる。

評価によって発信した情報の取り扱いも変化する。社会のフィルターとは，この社会の多様な視点による評価，位置づけのことを言う。

2.5　「Kindai Picks」の魅力を高める学生ライターの仕組み

「Kindai Picks」にはメディアが採用した情報以外に，独自の取材記事を掲載している。社会に評価，位置づけられた発信情報の集約の役割と，独自メディアの発信の役割の２つが存在するのである。

独自取材記事としては，例えば，近畿大学学生（2019年１月時点）でもあり，

競泳アスリートでもある一ノ瀬メイ氏が近畿大学職員に内定した時点で，独自に取材を行い，投稿した記事。あるいは産学連携講義を取材して投稿した記事などがある。

　さらに，独自記事を充実させるため，Kindai Picksでは，近畿大学の約50名の現役学生が学生ライターとして登録，活動をしている。近畿大学には14学部に約3万3,000人の学生および教職員が在籍している。この分野多様性，関与する人々のもつ知識や体験をコンテンツにすれば有効なツールとなるという仮説がスタートだった。

　学生ライターによる独自記事の投稿は，単に学生が投稿した記事だけでは，社会から注目されることはない。どのような学生のどのような体験を，どのように表現すれば，社会から評価されるかの手がかりを得るため，様々な実験を繰り返している。学生ライターのページビュー数の多かった記事にボストンキャリアフォーラム参加体験記事がある。ボストンキャリアフォーラムとは，海外での活躍を目指す学生およびグローバル人材の採用を目指す企業にむけたキャリアフォーラムである。毎年11月に米国ボストンにあるコンベンションセンターで開催される。このボストンキャリアフォーラムに参加した近畿大学の学生が，その体験記事を「Kindai Picks」に掲載したところ，約3万ページビューのアクセスがあった。体験記事には，フォーラムの様子に加えて，渡米までの様子，現地での食事，宿泊，移動などオフィシャルホームページには掲載されていない，体験者しか持ち得ない情報が掲載されている。そのためこのイベントに参加予定，関心のある学生や企業からのアクセスが殺到したのである。

　ここから世の中に体験した人々が少ない対象を，体験した学生ならではの視点で情報を編集することが魅力的な独自コンテンツにつながることが発見された。

　「Kindai Picks」では，サイト運営に関与する投稿記事の効果を毎月，ページビュー数，シェア数データなどを使って検証し，対策を検討する。大学内の活動の中から多様な切り口と独自のニュースを探索，創造し，多様な表現を使って配信し反応を検証する実験の場でもある。

2.6　「Kindai Picks」の社会に広く接点を創る独自コンテンツの仕組み

　近畿大学は関西の私立総合大学の中で医学部をもつ唯一の大学である。この優位性を活かし高度な医学に関する情報を提供できないかと考えた。そもそも日本社会の健康に関する関心は高い。高齢化が進展しこの傾向は今後もさらに高くなる。例えば，著名人が罹患した疾病やインフルエンザ，はしかなど感染性のある疾病は社会の大きな関心となる。社会はどのような病気で，早期発見が可能なのか，予防や治療方法が存在するのかの情報を求める。このような情報ニーズに対して，タイムリーに情報を発信することによって，オウンド・メディアの価値を高めることにつなげている。

　一例をあげるとテレビのニュース番組が著名人の疾病を取り上げたとする。その場合，テレビ局からコメンテータとして医学部教員に出演要請あるいはコ

図表11-4　「Kindai Picks」と近畿大学ホームページを通じた社会との情報の流れ

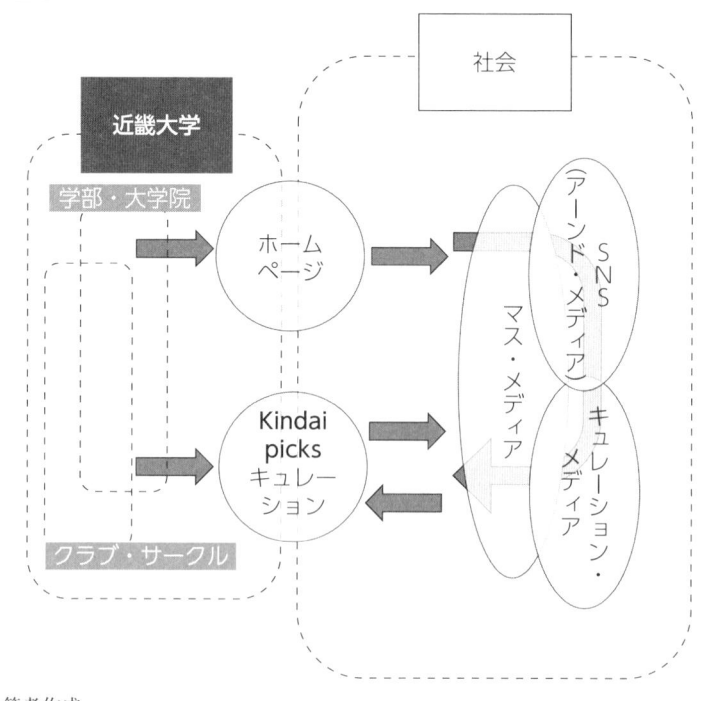

出所：筆者作成

メントを求められた場合，その対応と同時に，関連する医学部教員に広報室が独自に電話やメールを使って素早く取材を行う。そして，テレビ，新聞等で疾病がニュースとして取り上げられるタイミングで，「Kindai Picks」には医学部教員による疾病に関する情報が掲載される。

キュレーション・メディア（ニュースキュレーションサイト）では社会が関心のあるニュースを積極的に掲載する。また，テレビ，新聞等のニュースを見た人々はインターネットを使って詳しい情報を求めて検索を行う。そのため「Kindai Picks」はニュースキュレーションサイトなどを通じて，従来，近畿大学には関心のない人々からアクセスされることになる。

図表11-4は，近畿大学のホームページ，「Kindai Picks」と社会との情報の流れを示したものである。近畿大学で生まれた情報をホームページ（あるいはニュースリリース）として社会に発信する。その情報をマスメディア，キュレーション・メディアがニュースとして発信する。そしてそのニュースを社会の人々がソーシャルメディアを使って発信，拡散する。同時に，「Kindai Picks」は社会のメディアが採用した近畿大学の情報を発掘し掲載するのである。

2.7 ソーシャルメディア公式アカウント

Twitterの特性は速報性である。そこで近畿大学ではこの特性を活かし学生が最も関心のある情報が何かと考え，その情報をすばやく掲載することにした。その情報が「休講情報」である。休講とは悪天候，地震等の天災などによって通学が困難となるあるいは困難となることが予想された場合に，大学の講義を実施しないことが決定されることである。休講情報はどの大学も休講決定時に，大学ホームページ等に掲載される。しかし大学の決定から掲載までにタイムラグが生じる。場合によってはシステムのメンテナンスのため深夜早朝には掲載できない場合も存在する。近畿大学では広報室職員が決定情報を入手した時点でTwitter公式アカウントに休講情報を掲載する。そのため公式アカウントのフォロワーの半数が在学生になるほど浸透している。

近畿大学では，Twitter公式アカウント以外にも，LINE，Facebook，YouTube，Instagramの公式アカウントを設定し，2018年はクックパッドにも

公式アカウントを設定している。クックパッドの公式アカウントでは，バレンタインデーにあわせて「マグロマカロン」のレシピを公開するなど，近畿大学に関連する食材などを使った料理の紹介を行っている。

2.8　「KINDAI GRAFFITI」

　近畿大学には，他の大学に存在する大学案内，学部案内とは異なるスタイルのメディアを構築している。それが「KINDAI GRAFFITI」である（図表11-5）。ストリートスナップを得意とし高校生，大学生に人気のカルチャー雑誌である「Tokyo graffiti」（株式会社グラフティ）と提携して企画，制作を行っ

図表11-5　「KINDAI GRAFFITI」

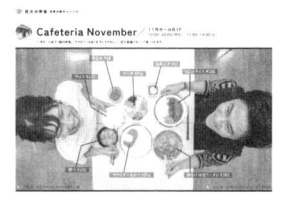

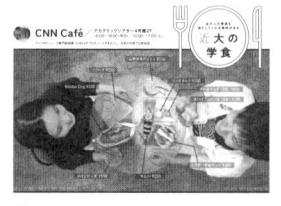
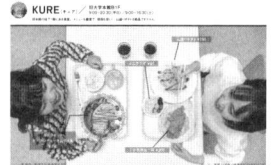

出所：近畿大学

ている。「Tokyo graffiti」のスタッフがキャンパスあるいは留学先で1,000名を超える近畿大学学生にインタビュー，撮影した写真をもとに，キャンパスの日常を体験できるストーリーになっている。内容，構成も「Tokyo graffiti」そのものである。ランチタイムの様子，各学生の時間割とバッグの中身を撮影した特集もある。近大美女・美男図鑑はキャンパスで見つけた学生の特集である。

　従来の大学案内のはじめのページは大学の理事長，学長の写真とメッセージが一般的である。「KINDAI GRAFFITI」では，高校生が読みたくなる視点で情報が集められ，構成，表現が決められている。さらに学術研究の情報がほとんど掲載されていない。キャンパスの主役である学生のありのままの日常が掲載されている。受験生との新たな接点を構築し，学生生活という観点から魅力を伝える仕組みである。

2.9　ペイド・メディアとの連携

　オウンド・メディアが充実する近畿大学だが，ペイド・メディアも活用している。代表的なペイド・メディアが交通広告である。駅張り広告と列車の中吊

図表11-6　2019年度の一般入試願書受付開始 駅張りポスター

出所：近畿大学

り広告がそれにあたる。オープンキャンパス告知用の列車の中吊り広告は，大衆週刊誌のレイアウト，見出し表現そのものである。中吊り広告を見て受験生や高校生は面白がってスマートフォンで撮影し，ソーシャルメディアに投稿し拡散してくれる。ペイド・メディアはその広告が起点となってソーシャルメディアに投稿してもらえる行動を誘発できてはじめて大きな効果を生む。その表現は，受験生，高校生にとって笑える，面白いものであればその可能性は高くなる（図表11-6）。

2.10　社会の関心と関連づけるコンテンツ発信の効果

　図表11-7は，近畿大学の2018年度のニュースリリース（以下，リリース）の配信件数と新聞記事掲載件数（全紙）および掲載率の他大学との比較である。

　他大学と比較すると，配信件数では5倍から10倍の差がある。そして掲載率は2倍以上の差がある。大量の配信件数と掲載効率の良さによって，近畿大学に関する多くの情報が，社会に流通することにつながっていることを意味している。

　しかし配信件数が多ければ単純に紙面掲載が多くなるわけでは無い。新聞には政治，経済金融，国際などの分野がある。そして教育分野のニュース掲載枠は政治，経済，国際に比べ限られる。教育分野の配信数を仮に多くしたとしても掲載件数は限られ掲載率は向上しない。ニュースコンテンツを広く探索し，さらに自らニュースを創り出すことによって配信件数を増加させる。同時

図表11-7　ニュースリリース配信件数と新聞掲載率（新聞全紙）

	2018年度　通年実績		
	配信件数（件）	掲載件数（件）	掲載率（％）
近畿大学	559	245	43.8%
A大学	117	29	24.8%
B大学	50	11	22.0%

注：データは2019年4月10日現在のもの。近畿大学のニュースリリース配信件数は各担当が
　　確認。A大学，B大学のニュースリリース配信件数は各大学のホームページから抜粋し，
　　日経テレコンにて月ごとの掲載件数を集計。
出所：近畿大学

にニュースを社会の関心と関連付け多様な分野において採用してもらう工夫が必要となる。

3　アーンド・メディアを活かしたコンテンツ・マネジメント

3.1　トリプル・メディア

　ある人，あるいは企業が他の人々や企業に情報を伝達するためには，情報を掲載し，そして移動させる手段が必要である。この情報を伝達する，すなわち情報を掲載し移動させる手段を，メディア（媒体）と呼ぶ。メディアの種類は従来，テレビ，ラジオなどの電波媒体，新聞，雑誌などの紙媒体，さらに顧客のコミュニティ間に存在する口コミが示されてきた。2000年に入りインターネットの普及に伴い，デジタル媒体が社会に浸透してきた。そのため従来とは異なるメディア分類枠組みが必要となった。従来の枠組みは媒体の物理特性による分類であった。そのため取り扱う情報の物理特性（文字，画像，動画，音声など）と情報特性とメディアとの相性，そしてメディアがもつ特性によって分類がなされてきた。

　デジタル社会における大きな変化は，企業，個人が自身のメディアをもつことが可能となったことである。このような背景から新たなメディアの分類が生まれてきた。それがトリプル・メディア（あるいはPOEM（ポウム））である。トリプル・メディアとは，ペイド・メディア（Paid media，オウンド・メディア（Owned media），アーンド・メディア（Earned media）の3つのメディアを指す。3つのメディアの組合せによってコミュニケーションをマネジメントする（図表11-8）。

　オウンド・メディアとは，企業，個人が自身で情報を管理，発信するメディアである。自社，個人のホームページ，キュレーションサイトそして，Twitter，Facebook，Instagram，YouTubeなどのソーシャルメディアの企業や個人の公式アカウントがそれに該当する。ペイド・メディアとは，企業などが広告料としてお金を支払い，自社などの情報を掲載するメディアである。テレビ，ラジオ，新聞，雑誌，インターネット広告などのメディアに広告を掲載することが該当する。アーンド・メディアはTwitter，Facebookなどのメディ

図表11-8　近畿大学のトリプル・メディアの活用

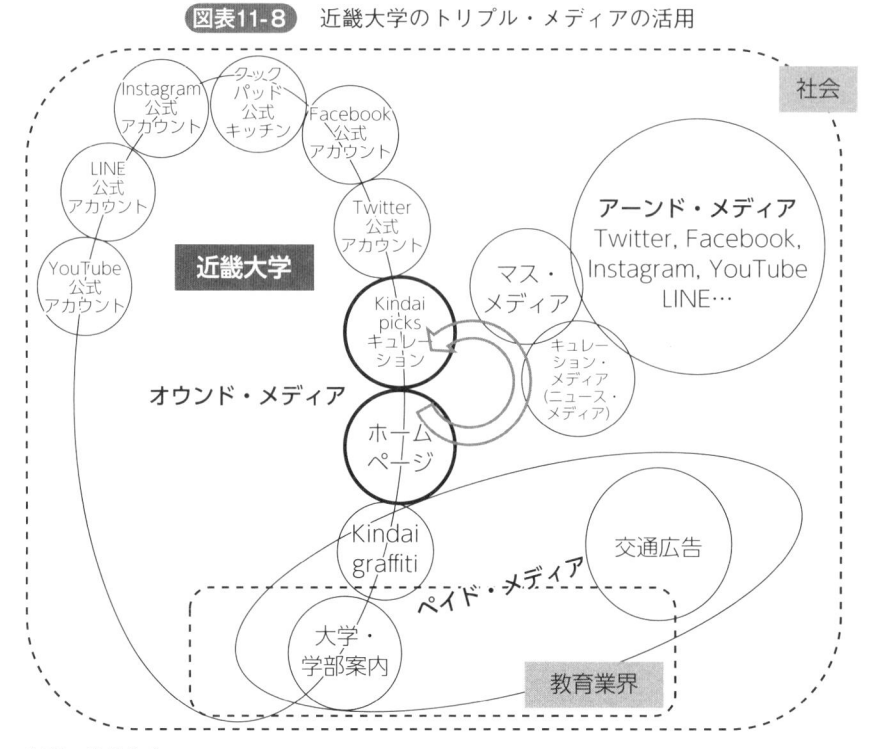

出所：筆者作成

アにおいて自社や組織の情報が採用，話題になり，情報が伝達，拡大することである。SNSの中で人々が情報を投稿，シェア，リツィートされることがそれにあたる。先の2つのメディアと異なるのは，自社や組織で保有される媒体ではなく，社会基盤としての公共的な情報伝達媒体となることである。アーンド・メディアとあるが，企業，個人もコントロールが難しいため，企業の意図通りの情報が流通するとは限らない。なかにはネガティブな情報が流通する場合も存在する。

3.2　オウンド・メディアのデザイン

　個々の大学が行う新しい試みはニュースリリースとして配信すれば，メディアが記事として掲載してくれる可能性が生まれる。しかしお金を払いメディ

アに掲載する広告活動と異なり，ニュース記事として掲載される広報活動は，ニュースとしての価値が掲載を左右する。さらにメディアはニュース分野を設定している。例えば，新聞には政治，国際，経済，社会などの分野がある。

大学のニュースは通常であれば教育の分野に掲載される。しかし教育分野のメディアにおける取り扱いは限定される。そのため社会的な広がりは限定される。教育ではなく，経済，社会の分野として取り扱ってもらえれば，社会的な広がりも生まれやすくなる。特にテレビ，新聞の一般紙，ウェブニュースでは，経済，社会分野に掲載されることが，ターゲットである受験生の保護者，親族，高校・予備校の関係者にも伝わる可能性を高める。さらに受験生に直接伝達することがなくとも，受験生の周辺の人々からニュースがもたらされる間接的伝達の可能性が高くなる。

4　おわりに

本章では，デジタル社会における教育産業のコミュニケーションについて考察を進めてきた。その手がかりは，コンテンツ・デザインとメディア・デザインにある。

受験生がどの大学，学部を受験するかを判断するための情報は，一般的に大学の受験生向けホームページ，大学案内，オープンキャンパス，高校，予備校の進路指導，担任，同級生，および保護者・親族などから入手する。そのため，大学は一般的に，新聞，雑誌の合同説明会によって告知活動を行う。しかし近畿大学の場合は，一般的な告知を実施しつつ，それ以外の接点の構築を意識的に進めている。それが大学のニュースを社会のニュースにする活動である。

それぞれの企業や大学は業界に属している。内部に存在する多様な情報を業界のニュースとして位置づけることだけでなく，社会のニュースとして位置づけることが重要である。発信した情報を，ニュースとして社会が位置づけるためには，社会の関心が何かを把握し，その関心と自社の情報を関連づけることが必要となる。さらに社会のニュースにするための活動として，オウンド・メディア，ペイド・メディア，アーンド・メディアを効果的に組み合わせて行くのである。

　このように企業や大学の情報発信は内部に存在する情報を，社会の関心に関連づけ，オウンド・メディア，ペイド・メディアによって社会に情報を発信し，アーンド・メディアの中で話題をつくるサイクルが求められる。

■さらに学びたい方へ

ポール・アダムス 著，小林啓倫 訳（2012）『ウェブはグループで進化する』日経BP社（Paul Adams（2011）*Grouped: How Small Groups of Friends are the Key to Influence on the Social Web,* New Riders）

　デジタル・コミュニケーションのあり方を，コンテンツ中心のマネジメントから人間中心のマネジメントの変化へのシフトの考え方を学ぶ。さらに，社会行動の影響は自身が属するソーシャルグループによる影響の大きさに基づく考え方を学ぶことができる。

西川英彦，澁谷覚 編著（2018）『1からのデジタル・マーケティング』碩学舎

　デジタルによるマーケティングの変化を，身近な具体事例をもとに概念，理念を含めて学ぶことができる。

佐藤尚之（2015）『明日のプランニング：伝わらない時代の「伝わる」方法』講談社

　アーンド・メディアを支える社会の人々が能動的に発信する行動を，人間の行動特性から学ぶことができる。

第12章

デジタル社会の社会問題解決：
「注文をまちがえる料理店」の共感と発信による
シェアリング・イシュー

1　はじめに

　環境汚染，貧困，食料，教育など社会が抱える問題は多い。一企業や一個人では解釈が難しい，社会の欠陥や矛盾から生じる問題を社会問題と呼ぶ。社会問題は誰が原因か，何が原因かを特定することが難しく，解決の糸口がみつかりにくい特徴がある。例えば，高齢化，少子化によって発生する社会問題も存在する。日本は世界で最も高速に高齢化が進む国である。そのため人口構造（年齢別の人口構成）は高齢の人口構成比率が高まる傾向にある。さらに出生率の低下に伴う少子化が労働人口減少につながっている。サスティナブル（持続可能）な社会の実現には，多種多様な社会問題を持続的に解決することが必要となる。本章では解決すべき社会問題の発見と選択，そして社会問題を持続的に解決するため，社会との連携の仕組みの構築とデジタルの役割について学ぶ。

2　注文をまちがえる料理店

　注文をまちがえる料理店は，認知症の状態にある人々がホールスタッフを務めるイベント型のレストランである。このレストランでは，レストランとしての料理のおいしさ，安全，安心といったクオリティは保ちつつ，認知症の状態にある人々が注文をとり，配膳を行う。認知症の状態にある人々と，調理，店

舗運営，介護など様々な分野のプロフェッショナルとが一体となって実現した
レストランである。

2017年6月3日，4日の2日間のプレオープンを経て，2017年9月16日～18
日の3日間東京六本木にオープンした（図表12-1）。台風が接近する悪天候に
もかかわらず，3日間の間に288名が来店した。本オープンでは認知症の状態
にある人々が担当するホールスタッフの皆さんには2,000円～3,000円の謝礼金
も支払われている。料理は著名レストラン，外食サービス企業が工夫を凝らし
たメニューを考案し，調理し提供する。料理のクオリティは折り紙付きである。

図表12-1 「注文をまちがえる料理店」

出所：森嶋夕貴（D-CORD）

2.1 社会に開かれた場における介護を目指して

当時NHKの制作ディレクターの小国士朗氏は，急な番組制作の必要に迫ら
れた。その時に紹介された人が，認知症介護のプロフェッショナルであった和
田行男氏だった。和田氏は「認知症になっても，最後まで自分らしく生きてい

く姿を支える」ことを目指して30年にわたり介護サービスを実践してきた。そこでは自分らしく生きるために，社会に開かれた介護を目指しにむけた先端的な活動を行ってきた。

　多くの場合，認知症介護は介護施設や自宅で行う。そのため，働く場など一般社会で活躍できる場は限られている。

　内閣府の調査では，2012年には認知症高齢者（65歳以上）の数は462万人とされ，人口の7名に1人（15%）が認知症の状態にある。そして，2025年には高齢者の中で750万人が認知症の状態になると予想されている。この数字は高齢者人口の5名に1人（20%）にも及ぶ。そのため従来の方式だけでは，増え続ける認知症の状態にある人々への対応には限界があることは明らかである。

2.2　「注文をまちがえる料理店」というコンセプトの誕生

　きっかけは偶然だった。小国氏は，番組取材中に，和田氏が運営している認知症の状態にある人々が暮らすグループホームで入居者の方が調理する料理を食べる機会を得た。その日の献立はハンバーグのはずだった。しかし調理されて出てきた料理は餃子だった。小国氏は「今日はハンバーグだったはず」と思い，「今日の献立はハンバーグでしたよね」とその場で確認しようとした。しかしその場にいる人々は何事も無かったかのように「おいしい餃子」を食べ，楽しい時間を過ごしていた。そのためその一言がその雰囲気を壊してしまうのではないかと発言を押し止めた。同時に介護現場の取材を重ねていたにも関わらず，メニューが変更になった小さなことにこだわっている自分に対して，恥ずかしさがこみ上げてきた。取材を重ね理解をしていたつもりだったが，全く理解できていなかったことに気づいたからである。そのとき突然「注文をまちがえる料理店」と言う言葉が頭に浮かび，同時にその様子が映像として頭の中に流れた。2012年のことである。この原体験が「注文をまちがえる料理店」の実現につながる。

　社会の中では全ての間違えをその場で指摘，正すのではなく，受け入れてもよい間違いがあってもよい。間違えを受け入れる行動から，間違えた方も間違えられた方も得られる体験もあるのではないかとの気づきである。

2.3　兼業のスペシャリスト集団

　小国氏の構想と想いだけでは実現には至らない。レストラン運営にはノウハウが必要である。なにより場所，資金の目処もたっていない。飲食店は開店するためには数千万円〜1億円ほどの資金が必要となる。いきなり常設店舗は難しい。しかも仮設店舗であっても，認知症の状態にある人々がスタッフとして働き，顧客にお金を払ってもらえるレストランを実現するには，他にもさまざまな課題が存在する。

　実現のために必要とリストアップされた能力はデザイン，海外展開，IT，お金集め（資金調達），認知症の知識，介護のスキル，料理・レストラン運営の7つだった。そして，必要な業務能力だけでなく次の2つの思考を持つ人物を探すことにした。1つは，この企画を「100％面白がってくれる人」。この企画に対して不謹慎と思う人は多い。しかし，それだけでは社会における認知症の問題は閉ざされたままである。思考も行動も進まない。そこで「注文をまちがえる料理店」の企画の社会的意義も含めて「面白い」と共感してくれる人に参加してもらうことにした。もう1つは「自分の利益を捨てられる人」。自分の仕事や売名のために，あるいは所属する組織のために関与するのではなく，「注文をまちがえる料理店」に共感し，その実現だけを目指して取り組んでくれる人である。

　そのため企画，運営メンバーは「注文をまちがえる料理店」の実現に向けて自身の専門知識や能力を惜しみなく提供してくれる人が選定され，「注文をまちがえる料理店実行委員会」が設立された（2018年5月。一般社団法人に移行）。

2.4　人間中心の行動を支える2つの運営ルール

　「注文をまちがえる料理店」は単に認知症の状態にある人々をホールスタッフとして働いてもらうだけで成立しているわけではない。認知症の状態にある人々と，認知症に対して充分な理解をもっていない人々が共生し，お金を頂く「レストラン」として成立させなければならない。これらのことを実現するためには，何を確実に実現するかを事前に設定し実行する必要がある。企画の具体化に向けて，実行委員会の中で決められたルールがある。第1に，「レスト

ランとしてのクオリティ」にこだわること（オシャレであること，料理がおいしいこと）。第2に，「わざと間違えるような仕掛けはやらない」こと。間違えることは目的でないからである。

　「注文をまちがえる料理店」という名前ではあるが，社会に持続的に存在する「レストラン」として成立するためには，顧客に実現する価値が何かを見極めることが必要である。それは，顧客に対して「間違えを認めてもらう領域」と「間違えてはいけない領域を」明確に設定し，運営として実現することが必要となる。第1の「レストランとしてのクオリティ」とは，仮に間違えた料理が提供されても間違えたことを楽しめるおいしい料理であることである。また料理を間違ったとしてもそれを忘れさせる，許せる気持が芽生える雰囲気が提供されることである。第2の「わざと間違えるような仕掛けはやらない」とは，注文した料理が提供されることはレストランのクオリティとしてあたりまえの前提に立つ考え方である。「注文をまちがえる料理店」に来店する顧客の期待は「注文を間違える」体験に集まりがちである。それは「間違える」ことを期待し，そこだけに注目が集まる可能性があった。そのため顧客の期待に応えるとすれば，自身の注文が間違えられなかった場合は満足度が低くなるような事態になることも考えられた。極端に言えば常に間違える状況になることが，顧客の満足を高めると考えてしまいがちである。さらにそのような仕掛けは，認知症の状態にある人々を“見世物”としていると社会から指摘されることも想定された。

　そのため実行委員会では「わざと間違えるような仕掛けはやらない」との方針が共有された。その決定には，実行委員会のあるミーティングにおける，奥様が認知症の状態にある方のこんな発言がきっかけになっている。「妻にとって，間違えるということは，とてもつらいことなんですよね」。この発言が，認知症の状態にある人々を実行委員会のメンバーがより深く理解することにつながった。そして認知症の状態にある人々が普通に一生懸命，レストランで働きその結果，注文を間違ってしまった場合に，顧客には許していただくことを目指すことが共有されたのである。

2.5　プレオープン

　プレオープンは，認知症の状態にある人々がホールスタッフとして働くレストランが社会に受け入れられるかをテストする側面と，運用上の問題点を明らかにする目的で実施した。2017年6月3日，4日の2日間である。

　座席数12席のレストランを使ってテストランが行われた。料理は「スペシャルきまぐれピザ」，「ハンバーググリル牛バラシチュー」そして「ぷっくり手包みエビ入り水餃子定食」の3つのメニューから選択できる（図表12-2）。どの料理をオーダーするか迷うほど全て魅力的である。できれば全てオーダーした

図表12-2　メニューとオーダーシート

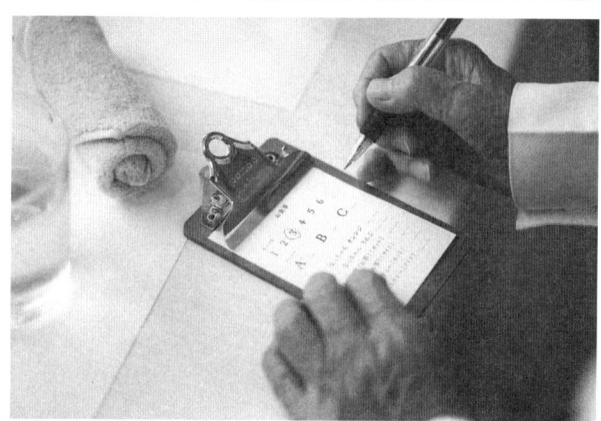

出所：森嶋夕貴（D-CORD）

い。そんな気持にさせる料理ばかりである。しかし顧客の中には特定の食物に対するアレルギーをもつ方もいる。そこで注文時にはアレルギーの申告をしてもらうようにした。その確認はレストラン運営のプロフェッショナルである木村周一郎氏が一人ひとりの顧客に対して行った。プレオープンとは言え，事故が発生すれば「注文をまちがえる料理店」のコンセプトが崩壊してしまう。

　事故を防ぐため，レストラン経営のプロフェッショナルが細心の注意を払い仕組をつくりあげた。

　価格設定は一律1000円とした。木村氏の「顧客が味以上に受け入れられないのが，価格」との助言に基づく。価格差があった場合，間違って提供された料理がオーダーした料理よりも安かった場合，不満につながるからである。

　プレオープンの主な目的は2つである。1つは，認知症の状態にある人々が，社会に開かれたレストランという場で活躍するコンセプトが，社会に受け入れられるのかを確認すること。もう1つは，認知症の状態にある人々が活躍してもらうためにどのような環境整備が必要となるかを明らかにすることである。

2.6　注文を間違えたけど，また来たい

　プレオープンには，2日間で80名の人々が来店した。認知症の状態にある人々がホールスタッフ業務を進めやすいよう，オーダー表，テーブルに番号札を表示するなどの工夫をした。それでも「間違った料理を提供してしまった」，「ホットコーヒーにストローをつけてしまった」などの間違いは，来店者の61％に及んだ（図表12-3）。しかし来店者の87％は「ぜひまた来たい」と回答した（図表12-4）。「注文をまちがえる料理店」は，認知症の状態にある人々が社会で活躍できる場にのみ注目が集まる。しかし来店者にも，運営を支えるスタッフにも，このレストランでの体験から学ぶこと，得ることが多くあることに気づく。例えば，自分がオーダーした料理とは違った料理が目の前に運ばれたとする。通常のレストランならクレームを伝えるところである。しかし「注文をまちがえる料理店」では，同じテーブルの客同士で料理を交換する，あるいは間違えて運ばれてきた料理を「まあいいか」とそのまま食べてみる。注文した料理とは違うけど，食べてみたらおいしい。自分がオーダーした料理よりもおいしかったかもしれない。間違わないことがあたりまえの社会に

生きている人々が，間違うことを容認する「寛容の気持」を通じて良い空気感を体験できる。

　認知症の状態にある人々が活躍できる場は，認知症の状態にある人々と顧客，来店者，支援するスタッフの協働によって成り立つことが発見された。誰かが「間違っても文句言わないで欲しい」と告知するわけではない。それぞれの人々が自身の判断で，その場の良い雰囲気を，認知症の状態にある人々と共に創り出したのである。

図表12-3　プレオープン来場者に対する「間違い」の発生割合

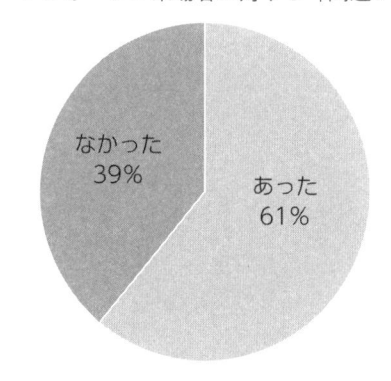

出所：READYFOR

図表12-4　プレオープン来場者の再来店意向

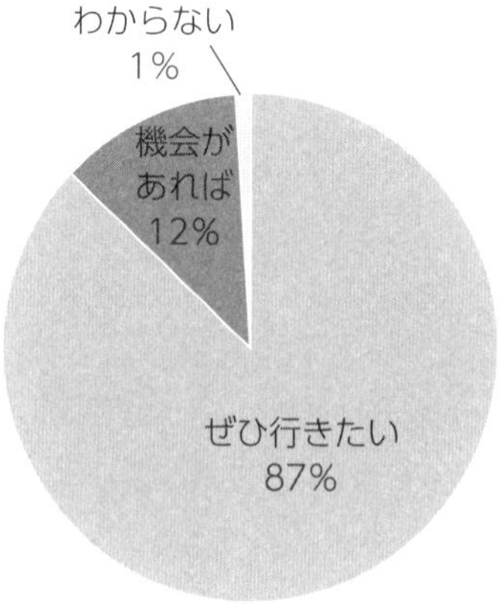

出所：READYFOR

2.7　予期せぬ共感の広がりとデジタルメディア

通常，レストランを開業するには，開業前の準備期間を使ってスタッフはトレーニングを受け，リハーサルを行う。しかし，認知症の状態にある人々の体調はその日によって変化する。そのため，当日まで誰が参加できるかわからない。

当日の朝，誰がスタッフとして参加するかが決まるのである。そのような状態であるため誰にも何が発生するかを予測することは難しい。実行委員会メンバーは「注文をまちがえる料理店」をまずは実現することに集中していたため，プレオープンを社会に告知することには手がまわっていなかった。

プレオープンがはじまると実行委員会メンバーの1人がその様子をFacebookに投稿した。また，実行委員会メンバーからプレオープンの実施を聞き，様子を見に来た医療ジャーナリストの記事がYahoo!Japanに掲載された。さらに招待客が投稿したTwitterはあっと言う間にYahoo!Japanのリアルタイム検索（Twitter）の1位になった。

翌日からは，SNSの反応をみた国内そして海外（20ヶ国以上）のテレビ局，新聞各社から取材依頼が相次いだ。「注文をまちがえる料理店」のコンセプトを社会が受け入れられ，大きな反応があることが確認された。

2.8　クラウドファンディングの活用

実行委員会のメンバーや支援スタッフはそれぞれの職業を持ち，業務終了後や休日の時間を使い無給でこのプロジェクトを支えている。しかし実現するためには，期間限定とはいえ，一定規模の費用が必要となる。レストランの賃借料，食器類，レストランの装飾，食材，光熱費などである。利益を出すプロジェクトではないが，損失を個人で負担しては継続できない。必要な費用はおおよそ800万円。この費用を賄うため企業に寄附をお願いする選択もあった。しかし小国氏はクラウドファンディングを選択した。クラウドファンディングは，少額の資金調達方法のため一定規模の支援者が必要である。一方，一人あたりの出資は少額だが多数の人々が参加する可能性があるため，プロジェクトが広がり易い。一般に，クラウドファンディングはインターネット・メディアを使って募集，応募が行われる。そのためSNSなどの個人メディアを通じて社

会に広がり易い特性がある。プロジェクトの特性から認知症の状態にある人々の実態を知ってもらい，社会で広く共有してもらうための手段としてもクラウドファンディングは有効と判断した。その結果READYFOR株式会社に委託したクラウドファンディングでは，24日間で493名の支援者から1,291万円の資金が集まった。

2.9　「注文をまちがえる料理店」オープン

　2017年9月16日。六本木にあるレストランが3日間だけ「注文をまちがえる料理店」としてオープンした。この日程は3連休であったこと，そして9月21日の世界アルツハイマーデーの前週末であったことから決定された。そして3日間で288名が来店，食事を楽しんだ。

　メインの料理は3種類，デザートとソフトドリンクが付いてどれも1,000円で提供された（図表12-5）。認知症の状態にある人々を支えるサポートスタッフは，認知症の状態にある人々をよく知る介護経験者が担当した。それぞれ1人ひとりに専任のスタッフが担当し，サポートスタッフの統括は実行委員会委員長でもある和田氏が担当した。

図表12-5　「フォークで食べる汁なし担々麺」

出所：森嶋夕貴（D-CORD）

　本オープンでは，プレオープンの運用経験が活かされた。プレオープンの
オーダーの間違い率は61％。「注文をまちがえる料理店」であれば「この程度
の数字なら良いのでは」となりがちである。しかし実行委員会では方針の１つ
であるレストランのクオリティにこだわり，間違いを減らすため，日々，環境
づくり，作業方法の見直しを繰り返した。

2.10　持続するための仕組み

　社会問題の解決にはある時点の活動に加えて，活動が持続する，拡大する仕
組みが必要となる。そのため，注文をまちがえる料理店実行委員会では，本
オープンにむけての準備と併行し，他の地域で実施要望があった場合に応える
ことができるよう仕組みを用意していた。「注文をまちがえる料理店」のロゴ
の入ったサイン，メニューボード，食器，エプロンのハード，運用に必要なノ
ウハウを，ソフトとして提供できるよう準備したのである。そのきっかけは，
プレオープンの後，小国氏が町田市役所の高齢者福祉担当者と会う機会を得た
ことによる。行政，NPO法人，企業，住民が連携して高齢者福祉に取り組む
様子を聞き，「注文をまちがえるカフェ」が実現に向けて動き出した。「注文を
まちがえるカフェ」は町田市主体のメンバーが運営主体となり2017年９月24日
『RUN伴まちだ 2017』の中で実現した。「注文をまちがえる料理店」の本オー
プン終了後，６日後のことである。

3　ソーシャル・イシューを社会でシェア(共有)することの意義

3.1　シェアリング・エコノミーと「プラットフォーム」

　社会全体で稼働していない対象，例えば一定期間，あるいは，一定時間使
用していない建物，車，車の座席などを資源と見なす。そして，従来，資源
として見えていなかった対象をもとに，その資源（シーズ）と活用したい人々
（ニーズ）を，効率的にマッチングすることによって新たな市場を生み出す。
そこには，従来見過ごされてきた資源の探索と，従来の提供される社会システ
ムや製品，サービスでは解決しない問題を抱える人々を，相互に探索しながら
マッチングをはかる必要がある。その実現には情報が広く共有される必要があ

る。例えば，ある時刻にある場所からある場所に自動車で移動する人々（移動資源を提供できる人々）の情報，そしてある時刻に，ある場所からある場所に移動したいと思っている人々（問題を抱える人々）の情報である。このような状況におかれている人々が参加できる場があれば，情報が広く共有されることになり，マッチングの確率が高まる。このような人々，そして情報が集まることが可能な「場」は「プラットフォーム」と呼ばれる。鉄道の駅に存在するプラットフォームは，人が集まることができる場として同じ意味である。ここでいう「プラットフォーム」とは，情報が集まり交換が行われる場のことである。情報に関するプラットフォームの実現に必要となるのがデジタル技術である。このデジタル技術を活用し，社会に分散する需要と資源を効率的にマッチングし市場創造につなげることを「シェアリング・エコノミー」と呼ぶ。

3.2　「シェアリング・イシュー」

　一方で，シェアリング・エコノミーになじまない資源や問題も存在する。シェアリング・エコノミーでは経済循環に注目し新たな機会を生み出すマッチングを探索する。しかし直接エコノミー（経済循環）に至らないマッチングも存在する。その点経済的に直接効果が見出せなくとも，社会において広く共有（シェア）することによって問題が解決あるいは緩和する場合も存在する。そのような問題を発見し社会において共有（シェア）することを小国氏は「シェアリング・イシュー」と呼ぶ。シェアリング・イシューとは社会問題（ソーシャル・イシュー）を社会全体で共有する考え方である。

3.3　共感を広げる「プラットフォーム」

　シェアリング・イシューの実現において，広く問題を共有できるプラットフォームが構築されることが必要となる。しかしゼロからプラットフォームを構築することは簡単ではない。シェアリング・イシューにおいて重要となるのが共感の広がりである。そのために，主体者の代わりとなって，正しく，広く情報を広げる仕組みが必要となる。「注文をまちがえる料理店」の活動にはその手がかりが存在する。その手がかりとは，

　第1に，問題の解決モデルを提示すること。

　第2に，人々が自らのメディアを使って発信する状況をつくること。
である。

　問題の解決モデルを提示することとは，イシュー（問題）を発信するのではなく，イシューと解決を結びつけた現実がどのようなものになるのかを表現することが必要である。問題が提示されても一般の人々は重要とは思いつつも自身がどのように貢献できるか想像することが難しい。自身が貢献できることを想像できるようになるためには，具体的なモデルが必要となる。「注文をまちがえる料理店」は，社会のどこにでも存在するレストランの運営の中で社会と問題を共有できる。そして解決の手がかりを提示するモデルである。レストラン運営は，誰もが顧客として「参加できそう」であり，一定以上の人々が「主体者になってやってみたい」と思える対象である。

　人々が自らのメディアを使って発信する状況をつくることとは，関与，参加した人々が自らその体験を発信し易い状況を設定したことである。「注文をまちがえる料理店」では，ロゴマーク，食器，スタッフのエプロンなど，オリジナルかつ統一のビジュアルを用意した。また提供される料理，そして料理に関与している企業，店舗立地，だけでなく認知症の状態にある人々の接客水準なども運用面の仕組みによって高い水準を実現している。関与，参加した人々がSNSを使って，「他の人々にも知らせたい」と発信するためには，一定以上の質の高い体験と，発信を促進するための視覚的な表現を組み合わせることが重要となる。

4　おわりに

　「注文をまちがえる料理店」の活動を通じてデジタル社会における社会問題の解決について確認してきた。この事例では，個人で解決に努力をする社会課題解決の方法に加えて，プラットフォームによって認知，共感を広げることを通じて社会全体で解決する可能性が示されている。いきなり認知症の状態にある人々を社会に受け入れてもらおうとしても難しい。社会との共生が難しい理由の一つは，社会が正しく理解していないことにある。認知症という言葉を多くの人々が知っている。しかし小国氏は言葉を知っているだけで「何となく

理解している」と思ってしまいそこから先に進まない場合が多いと言う。事実，言葉を知っていても認知症の状態にある人々に直接接したことがない人も多い。面倒，やっかい，できればかかわりたくないと思ってしまうことは，正しく理解していないことに起因する可能性がある。認知症の状態にある人々は一人ひとり違うこと，自分達と案外違いはないことを理解するだけでもシェアリング・イシューは促進される。そのためには，イシュー（問題）の解決に関与，参加できるモデルをつくること。さらに，モデルの中には関与，参加した人々自らが情報を発信し易くい状況をつくることによってイシューの社会との共有が促進される。

　デジタル社会においては，SNSを使い1人ひとりが情報を広く発信できる。

　そのため社会全体で情報を共有できる可能性が広がる。しかし個人が広く社会に発信したいと思う情報として選択してもらうためには，問題を指摘するだけでなく，問題の解決モデルを示し，情報を発信する状況をつくることが重要となる。

■さらに学びたい方へ

レイチェル・バットマン，ルー・ロジャース 著，小林弘人 監修，関美和 訳
（2011）『シェア〈共有〉からビジネスを生みだす新戦略』NHK出版（Rachel
Botsman and Roo Rogers（2010）*What's Mine Is Yours: The Rise of
Collaborative Consumption*, Harper Business）

所有するから共有して利用する消費者行動と，それを経済として成立させた
シェアリング・エコノミーの考え方を学ぶことができる。

根来龍之（2017）『プラットフォームの教科書：超速成長ネットワーク効果の
基本と応用』日経BP社

プラットフォームの概念，プラットフォームによる市場創造，収益モデルの
構築について具体的な事例を通じて学ぶことができる。

小国士朗（2017）『注文を間違える料理店』あさ出版

「注文をまちがえる料理店」の発起人による著書。発想のきっかけから実現に
至るまでのプロセスが詳細に記述さている。また「注文をまちがえる料理店」
の企画，運営に携わった人々のエピソードが記述されている。本章を深く理
解する上でぜひ読んで欲しい。

第13章

デジタル社会の資金調達：
READYFORのクラウドファンディングの仕組みと
グロースハッカーの役割

1　はじめに

　現在の人類の人種であるホモ・サピエンス（ラテン語で「賢い人」）は，5万年から3万年にアフリカ大陸から地球上を移動し現在の地域に定住したと言われている。国立科学博物館の海部陽介氏は，「最初の日本列島人はどこから来たのか？」の疑問に応えるため，プロジェクトを設立した。それが2016年に行った「3万年前の航海 徹底再現プロジェクト」である。

　先行研究から最初の日本人は海を渡ってきたことが明らかになっている。このプロジェクトは，アフリカから日本列島にどのようにたどり着いたかを再現する。当時の舟や道具を再現し3万年前の様々な条件を再現し実証実験を行う。

　その実現に必要となる大きな資金の調達方法として活用されたのがクラウドファンディングである。2016年2月〜4月に2,638万円の資金を調達し実証実験が実現した。さらに第二弾のクラウドファンディングとして2018年に実施されたのが，実験航海のための丸木舟の制作と実航海のための費用だった。その目標金額は3,000万円。第二弾のクラウドファンディングは877名から3,340万円の資金を集めることに成功した。

　本章ではデジタル社会の資金調達の方法として注目されている，クラウドファンディングの仕組みと，実施方法について「注文をまちがえる料理店」の事例に学ぶ。さらに，デジタル社会では，誰も実施したことない領域を切り拓き，事業としての成果をあげることが必要となる。そのようなことを実行する

人々の要件について確認する。

2　READYFORとクラウドファンディング

2.1　READYFOR

　READYFOR株式会社（以下，READYFOR）は米良はるか氏が2014年7月に設立した。米良氏は大学時代にパラリンピック日本代表スキーチームの備品購入資金を集めるためインターネットを使った小口の資金を集める「投げ銭サイト」を立ち上げ，120万円の資金を集めた経験を持つ。その後，大学院に進学しスタンフォード大学に留学。当時，立ち上がり始めたクラウドファンディングの仕組みを知ることになる。日本に帰国後，シードアクセラレーターの一事業として2011年にクラウドファンディングサービス「Readyfor」を立ち上げ，3年後の2017年にREADYFORとして法人化した。

　クラウドファンディング（Crowd funding）は，（Crowd：群衆）とファンディング（Funding：資金調達）を組み合わせた言葉である。一般的にこの言葉が示すようにクラウドファンディングは，商品開発，事業活動あるいは社会活動などを実現するための資金を，社会から広く資金提供を受けることを目的とする。

2.2　「注文をまちがえる料理店」へのクラウドファンディングの導入

　「注文をまちがえる料理店」は，認知症の状態にある人々がスタッフとして活躍するレストランである。2017年9月に3日間，東京でオープンした（図表13-1）。社会に開かれた場であるレストランで認知症の状態にある人々が顧客や運営スタッフと協働することによって，相互理解と新たな問題解決の促進が期待される。

　資金調達にクラウドファンディングを使用することが決定した時点で，「注文をまちがえる料理店」実行委員会では，次の2点しか決定していなかった。

　第1に，認知症の状態にある人々がホールスタッフを担当するレストランを実施する。第2に，レストランの名前は「注文をまちがえる料理店」である。通常，クラウドファンディングの実施には，運営の主体者，内容，実施時期

図表13-1 「注文をまちがえる料理店」クラウドファンディング

出所：READYFOR

　が決まっていることが必要となる。そのため，クラウドファンディングのキュ
レーターの役割は，どのようにクラウドファンディングを活用すれば資金が
集まりやすくなるか，あるいは社会に広げられるかを考えることにある。キュ
レーターは，プロジェクト実行者と連携し，資金調達だけでなく，社会に広く
認知してもらうため，関係者との調整を行いつつ，募集メニューの設計，オン
ライン・コミュニケーション，オフライン・コミュニケーションのデザイン，
統括を行う。

　実行委員会の最初のミーティングで「注文をまちがえる料理店」の内容を確
認した。担当者はこの時点で①自身としてこの企画に何ができるか，②スケ
ジュール，③リスクの可能性を確認する，この3点をまず考えた。

2.3 「注文をまちがえる料理店」がクラウドファンディングを選択し
た理由

　「注文をまちがえる料理店」の発起人である小国士朗氏は，少額の資金を多
くの人々から集めることができるクラウドファンディングがこのプロジェクト
の特性にあっていると考えた。理由は，クラウドファンディングの仕組みが多

くの人々の小さな善意と応援を引き出せるからである。そのため社会に大きく広がり易いと考えたのである（小国 2017）。もちろん企業にスポンサーを依頼をすることも可能だった。レストランの内外やメニュー，配布物にスポンサー企業の名前を入れることで，企業は企業ブランドや商品ブランドを周知させ，イメージを高めることができる。クラウドファンディングに比べて企業のスポンサーは一件あたりの金額も大きい。社会的に良い印象が与えられるプロジェクトであれば，スポンサー企業の印象も良いものとして社会に伝わる。そのため，うまく契約が進めば企業数も数社で完了してしまう。しかし社会に広くプロジェクトの存在を通じて，認知症に関心をもってもらう，あるいは正しく理解してもらう人々を増やすためには，企業のスポンサードではなく，クラウドファンディングが最適と判断したのである。

　2016年11月　クラウドファンディングを使うことを決定し，小国氏は知人のREADYFORの米良氏に相談した。米良氏は社内のキュレーターである夏川優梨氏を指名し，プロジェクトのミーティングに参加することになった。

2.4　クラウドファンディングによって広がりを創る

　クラウドファンディングによって広がりを創ることができる理由は，2つ考えられる。第1に，少額の資金提供であるため，誰もが個人として参加可能だということである。資金提供をすれば自身もプロジェクトに参加したことになる。運営に直接関与しなくても資金提供を通じてプロジェクトを支えることになる。参加すれば人は関心をもつ，そしてその内容が良いことであれば他者に話をしたくなる。第2に，ソーシャル・メディアとの相性が良いことである。第1の理由のように，参加した人々はそのことを発信したくなる。Twitter，Facebook，Instagramなど個人のメディアをもつ人々はプロジェクトの存在と，自身が資金提供したことを発信する。小口の資金提供者が多く生まれるクラウドファンディングでは，資金提供者が同時に「注文をまちがえる料理店」の存在を広く告知する役割を果たしてくれる。

2.5　スケジュール

　クラウドファンディングを実施する上で重要なことは，見切り発車すなわち，

プロジェクトの内容が決定されない段階でスタートすることができないことである。そのため実施前には，原則として全ての内容が決まっている必要がある。理由はプロジェクトに関する情報の透明性を確保することが，出資者のリスクを減らすことになるからである。例えば，何も決まっていないプロジェクトに出資することは，実現できるかどうかの判断も難しい。

　また当初決まっていたことが出資後に大きく変更するようなことがあれば，出資者は出資を取りやめたいと思うかもしれない。通常の案件では内容が決まってからクラウドファンディングのプロセスに入る。今回は何も決まっていないことが多すぎる案件であることに加えて，誰もやったことがない案件だった。そのため実施基準を満たすクラウドファンディングのプロセスに載せることができるかが心配された。

　通常の案件では，社内ルールとして10日～90日の募集期間をとる。期間の幅は案件のテーマ，金額によって変化する。募集期間の設定では次の2点の考慮が必要である。1つは，目標金額を実現すること。もう1つは案件を社会にできるだけ広く認知してもらうことである。

　例えば，過去に実施した1,000万円を目標金額とする案件は75日の期間を確保した。

2.6　リスクの対応

　クラウド上に情報が公開されると，予期せぬところからネガティブな意見が生まれることがある。その意見を事前に想定できるかどうかが重要である。しかし，社会には多様な価値観が存在するための多様な見方をする人々が存在する。そのため，全ての意見を事前に規定できるわけではない。そこでネガティブな意見が出にくい情報の開示や表現を心がける必要がある。さらにネガティブな意見が発生した場合には，素早く組織として対応することが求められる。

　特に今回の案件は，認知症の状態になった人々が主役になる。当事者は社会に良いことにつながっていると認識をしていても，社会には多様な見方をする人々が存在する。そのため，公開する情報の選択，表現について様々な視点から検討が行われた。

2.7　実験からの学び

　2017年6月3日，4日の2日間に，プレオープンを実施した。会場は都内の12席のテストキッチンだった。会場の立地は人が多く集まる場所ではなかった。さらに，プレオープンの情報は公開することなく，メンバーの知人に声を掛けて「顧客」として集まってもらい実施した。にもかかわらず，プレオープンの2日間の様子はソーシャル・メディアによって国内だけでなく世界にも拡散された。さらに，プレオープン後に多くのメディアからの取材依頼があった。そして他の地域や個人から実施可能性についての問い合わせが相次いだ。プレオープンのこのような反応から社会の高い共感とその広がりを確認でき，応援されるプロジェクトへの確信が芽生えた。そしてこの確信は，クラウドファンディングの実施に向けて大きな手応えとなった。

2.8　リターンのデザイン

　クラウドファンディングでは集めた資金から必要費用を差し引いた金額がリターンの資金となる。リターンとは出資者に対しての返礼である。リターンのデザインが広がりの範囲やスピードに影響を与える。このクラウドファンディングの多くの出資者の期待は，「注文をまちがえる料理店で食事をしたい」ことにある。しかしオープン期間は3日間，座席数は24席しか無い。1日4回転するが，それでも合計288席である。多くの人々に来店して欲しい。しかし席数は限られる。食事の権利のリターンだけでは一席あたりの金額は高くせざるを得ない。そうすれば出資できる人は限られる。出資できる可能性が限定されると当事者になれる人も限定される。

　このような問題の解決として考え出されたリターンメニューが，抽選方式だった（図表13-2）。もちろん確実に席を確保するメニュー（招待券）もある（1名1万円）。そのメニューに加えて抽選方式の席を設定した（1名5,000円，2名8,000円）。抽選となるため出資すれば必ず席が確保されるわけではない。しかし確実に席が確保できる招待券の半額の出資によって，席を確保できる可能性を手に入れることができる。このメニューの設定によってより多くの人々に「当事者」になってもらうことができ，「注文をまちがえる料理店」が広く伝わることにつながる。

図表13-2　リターンのデザイン：出資メニューと出資までの流れ

出所：READYFOR

　この抽選券方式のメニューは，このプロジェクトで，はじめて生み出された
ものである。席料が高額になることによって出資者が限定されてしまうことを
防ぐことや，クラウドファンディングの特性である広く多くの人が当事者に
なってもらうことから考えた。1万円の招待券はサイトオープン後，短時間で
定員に達することが予想された。サイトオープン後まもなく招待券のメニュー
が終了してしまうと，支援者は自身が関与できる可能性が無くなり，その時点

で広がりが停滞してしまう。他のメニューには，招待券2名分とグッズがセットになった3万円が用意されていた。しかし自身が「注文をまちがえる料理店」を体験してみたいと思う支援者の立場で考えると，個人しては躊躇する金額だった。そこで1万円の招待券が定員になった後も，応募可能でかつ支援も実現できる可能性を継続できるために生み出したメニューが「抽選券」だった。抽選券方式によって応募期間締め切りまで，来店できる可能性のあるメニューを継続できる。そのため抽選券に応募した人々が「当事者」として「注文をまちがえる料理店」の存在を発信し続けてくれる可能性がある。「当事者」の数の広がりと継続時間の面で有効な方法となったのである。

2.9　出資メニューのデザインと情報の透明性

　メニューのデザインは，来店を希望する人々向けと，来店を希望しない人々向けの2つに分けて設定された。来店希望者は1人と複数名にわかれ，それぞれ来店のみと来店に加えてオリジナルグッズを組み合わせた。さらに来店希望者向けは，招待券（座席を確保できる）と抽選券の選択が可能であり，価格も異なる。

　一方，来店を希望しない人々に向けたメニューはお礼状とステッカー（3,000円）から，マグカップ，エプロンなどを組み合わせたグッズセット（1万円〜10万円），さらに出資者の名前をレストランに掲載するメニュー（30万円〜100万円）が設定された（図表13-2）。

　クラウドファンディングは，全く接点のない人々がプロジェクトに共感し，プロジェクトの実現を信じて自らの資金を提供する。そのため共感，信頼を確保するための情報が提供されていることが必要となる。当然，提供される情報は事実でなければならない。間違っても虚偽や誇張された情報が提供されてはならない。特に透明性が必要な情報は，資金がどのように使われるかである。そのため出資を検討する人々が，出資を判断するための判断に必要な視点から情報の選択，表現が検討された（図表13-3）。

　読み手に関心や理解が進むように情報の表現は次のような工夫をしている。①すべての情報は実行委員長の和田氏が読み手に語りかけるように表現している。②タイトル，文章，強調する部分を明確にしている。③三行から四行で改

行し行間を1行あけている。④動画，写真，ロゴマークなどビジュアル情報を文字情報十行に対し1回ほどの割合で配置している。⑤企画・運営スタッフの顔写真とプロフィールを表示している。

図表13-3　「注文をまちがえる料理店」のクラウドファンディングサイト掲載情報

項目	内容
事業概要	「注文をまちがえる料理店」が実現したい内容と手段
実現可能性	「注文をまちがえる料理店」のプレオープンと人々の様子
実効性	現在に至る道のり 　どのようなきっかけでコンセプトが生まれたのか 　プレイベントができるまで 　プレイベントの様子と反響 　プレイベントにおける主催者の気づき
社会的意義	どのような課題を解決しようとしているのか，それは社会がどのようにより良くなることにつながっていくのか
資金用途	具体的な資金の使用用途
支援手段	支援メニューと支援規模
主体となる人の人となり	プロフェッショナルメンバー紹介

出所：READYFORホームページ「注文をまちがえる料理店」をもとに筆者作成

2.10　クラウドファンディングの成果

　目標金額800万円を24日の募集期間で実現する目標はREADYFORとしても初めての経験だった。過去の例では800万円の目標金額の場合，最低でも30日の応募期間が必要である。さらに目標金額が1,000万円前後のプロジェクトでは75日～90日の応募期間を設定する。しかし今回の場合は，クラウドファンディングを実施すると1人1万円の招待券30名分はサイトオープンから早々と定員達した。そして2017年8月7日のサイトオープン後，24日後の8月31日，目標の800万円に到達しプロジェクトは成立した。最終的には493名の支援者から1,291万円の資金を集めることができた。

3　クラウドファンディングの企画と運用

3.1　クラウドファンディングの仕組み

　企業や個人が製品，サービスの開発を行い，事業活動を展開するうえにおいて，資金が必要となる。そして資金を調達する方法には内部金融，外部金融の2つがある。内部金融とは個人，企業の預金から資金を調達することである。あるいは個人，企業が所有する土地，建物あるいは設備を売却して資金に変える方法である。しかし企業，個人が資金を調達するためには，単独では限界がある。

　社会に広くその範囲を広げることができれば，資金調達の可能性は高まる。

　そこで余剰の資金がある人々から，資金を必要とする人々にお金を流す仕組みが必要となる。外部金融とは，銀行など金融機関からの借り入れ，株式や社債などの証券を発行し調達することである。しかし小規模事業者や個人では内部金融，従来の外部金融による資金調達にはいずれも限界がある。クラウドファンディングは従来の資金調達の限界を補う仕組みとして生み出された。

　クラウドファンディングでは，多くの人々に資金提供の機会をつくることが，社会から広く資金提供を受けることにつながる。そのため設定される金額も一般的な金融商品よりも少額である場合が多い。クラウドファンディングに関与する人々は大きく3つに分けられる。第1に，プロジェクトを企画，実行する人々である。ここでは「実行者」と呼ぶ。第2にプロジェクトを支援する人々である。ここでは「支援者」と呼ぶ。第3にクラウドファンディングの場を提供する人々である。場を提供する人々（あるいは企業）を，プラットフォームと呼ぶ。

　クラウドファンディングによって可能になることは，以下のようにまとめられる。第1に主体者にとって，資金調達はもちろんのこと，広く多様な人々に告知できるため，商品，サービス，活動のPRが可能となる。第2に資金を提供した出資者との交流を通じた情報収集，関係形成によるファン育成を行うことが可能である。第3に資金を提供した支援者にとっては，リターンと呼ばれるプロジェクトが実現した場合の見返りを得ることができる。このリターンは

お金である場合や，物品あるいはお礼の手紙といった多様な形態が存在する。このリターンをうまく創造することもクラウドファンディングにおいては重要である。第4に，リターンを求めなくとも，実行者の考え方，活動を応援する，あるいはプロジェクトそのものを応援することが可能である。

3.2　クラウドファンディングのタイプ

クラウドファンディングは資金提供者に対する見返り（リターン）は，3つに分類される。第1に寄附型，第2に購入型，第3に金融型，である。寄附型は金銭の見返りがないタイプである。配布物やホームページに資金提供者の名前を記載する，記念品など送るなどがお礼として実施される場合もある。購入型は商品，活動を支援するため，活動への参加権利や物品を購入することを通じて商品開発，活動を支援するタイプである。金融型は資金提供した商品，活動の成果に応じて，配当や株式が支払われるタイプである。

3.3　「当事者」を創る

クラウドファンディングのデザインは最初のファンを創ること。そして情報発信をする，応援する主体者を増やすことである。その状況を創ることによって最初のファンから同心円状にファンが広がるのである。

同心円の中心となるのが，最初のファンである。口コミでもクラウドファンディングでもこの中心となるファンをつくることが重要である。最初のファンは誰かと言えば，活動をしている人々，具体的に言えば運営事務局（例えば「注文をまちがえる料理店」実行委員会）のメンバーである。さらにいえば，既にその人あるいはその活動を応援している人々である。まずは運営事務局のメンバーが情報を発信する，そして既に応援している人々を巻き込みながら「最初のファン」を創る。そしてそれらの人々や，既に応援してくれている人々からその週周辺の人々に情報発信の輪を広げていく地道な活動を徹底する。このように，プロジェクトの実行者が自らの周りの人々をファンにしていくことが，広がりの第一歩なのである。

3.4　オンラインとオフラインの組合せ

　クラウドファンディングは，オンラインすなわちインターネットで全ての手続きが完結する方式であると理解してしまいがちである。しかしこのプロジェクトでは，オフライン，すなわち人的ネットワークによる直接依頼を通じての活動が併行して行われた。クラウドファンディングは導入されてから歴史が浅い。我が国の利用経験の比率は全体で5.6％である。20歳代，30歳代でも9.5％と低く，50歳代以上となると2.5％～３％となり限られた人々しか使用していない（総務省，2016）。そのためにオンラインだけでなくオフラインでのマーケティングが重要となる。このプロジェクトにおいても実行委員長の和田氏を中心に個人の人的ネットワークを使ったオフラインによる告知と寄附を募る活動が行われた。特にオフラインの活動は，先に触れた「最初のファン」をつくるところや，オンラインでの活動を併行することにより，オンラインに接点の無い人々に接点をつくる上で有効である。

3.5　クラウドファンディングにおけるキュレーターの役割とグロースハックの重要性

　グロースハック（Growth Hack）とは，刻々と変化する市場反応をモニタリングする。そして，モニタリングから新たな可能性や課題を発見しながら，具体的なマーケティング行動を展開する行動を言う。簡単にうまく問題を解決する（Hack）ことを創造し，成長機会を見出す（Growth）。この行動によって計画段階で見通せなかった市場反応にも対応し，顧客創造，顧客満足を通じた事業収益を実現する。そして，このような行動が可能な人々を「グロースハッカー」と呼ぶ。

　クラウドファンディングの案件にあがるプロジェクトの多くは，世の中で初めて実施されるプロジェクトである。そのようなプロジェクトを推進するリーダーには，グロースハックの能力が求められる。「注文をまちがえる料理店」を企画実行した小国氏，あるいは「注文をまちがえる料理店」のクラウドファンディングをデザインし実行した夏川氏などからグロースハックの行動を学ぶことができる。

4　おわりに

　最後に，クラウドファンディングを活用するための要件をまとめておこう。

　第1に，クラウドファンディングの特性を理解することである。クラウドファンディングの利用経験者は限定される。現在は年齢が40歳代までに偏っている。そのため誰が使用するのかを理解しておくことが重要である。さらにクラウドファンディングには，資金調達の目的と同時に，プロジェクトの存在を社会へ広げる目的がある。この2つの面を意識してコミュニケーションをデザインする必要がある。第2に，クラウドファンディングは社会の応援という行動に支えられていることを理解することである。そのため応援が生まれやすいプロジェクト，実行者，そしてリターンのデザインが必要となる。第3に，クラウドファンディングの成功には「最初のファン」を創ることが必要である。最初のファンを創るにはオンライン（インターネット）ではなくむしろオフライン（人的ネットワーク）の活用が有効である。

■さらに学びたい方へ

新井和宏（2015）『投資は「きれいごと」で成功する：「あたたかい金融」で日本一をとった鎌倉投信の非常識な投資のルール』ダイヤモンド社

投資を通じて持続的な社会を実現するための投資先を評価する基準は，リターンをお金にしない「八方よし」の経営である。新たな資本主義の考え方を具体的な企業事例と共に学ぶことができる。

小国士朗（2017）『注文を間違える料理店のつくりかた』方丈社

「注文をまちがえる料理店」の開店直前から閉店に至るプロセスをタイムラインに沿って記録したドキュメント。「注文をまちがえる料理店」のコンセプトを拡大するためそのノウハウも含めて共有することを意図して執筆されている。フォトグラファー森嶋夕貴氏による写真が現場の臨場感をうまく伝えてくれる。

ライアン・ホリデイ 著，佐藤由紀子 訳（2015）『グロースハッカー』（第2版） 日経BP社（Ryan Holiday（2014）*Growth Hacker Marketing: A Primer on the Future of PR, Marketing and Advertising*, Profile Books）

デジタル社会で活用可能となったデータの活用，検証を繰り返しながら，手元にある資源を活かしゼロから1を生み出すマーケティングを学ぶことができる。

参考文献

序章

Kotler, P. (1980) *Marketing Management: Analysis, Planning, and Control, 4th ed.*, Prentice-Hall, Inc. (フィリップ・コトラー著, 村田昭治 監修, 小坂恕・疋田聰・三村優美子 訳 (1983)『コトラー マーケティングマネジメント〔第4版〕競争的戦略時代の発想と展開』プレジデント社)

Kotler, P., H. Kartajaya and I. Setiawan (2010) *Marketing 3.0: From Products to Customers, to the Human Spirit*, John Wiley and Sons, Inc. (フィリップ・コトラー, ヘルマワン・カルタジャヤ, イワン・セティアワン著, 恩藏直人 監訳, 藤井清美 訳 (2010)『コトラーのマーケティング3.0：ソーシャル・メディア時代の新法則』朝日新聞出版。)

Kotler, P., H. Kartajaya and I. Setiawan (2017) *Marketing 4.0: Moving from Traditional to Digital*, John Wiley and Sons, Inc. (フィリップ・コトラー, ヘルマワン・カルタジャヤ, イワン・セティアワン著, 恩藏直人 監訳, 藤井清美 訳 (2017)『コトラーのマーケティング4.0：スマートフォン時代の究極法則』朝日新聞出版。)

Maslow, A. H. (1943) "A Theory of Human Motivation," *Psychological Review*, 50 (4).

Maslow, A. H. (1954) *Motivation and Personality*, Harper and Brothers, Inc.

McCarthy, E. J. (1960) *Basic Marketing*, Richard D. Irwin, Inc.

第1章

von Hippel, E. (1988) *Sources of Innovation*, Oxford University Press.

von Hippel, E. (1994) "Sticky Information and the Locus of Problem Solving: Implications for Innovation," *Management Science*, Vol. 40, No. 4.

Kotler, P., H. Kartajaya and I. Setiawan (2017) *Marketing 4.0: Moving from Traditional to Digital*, John Wiley and Sons, Inc. (フィリップ・コトラー, ヘルマワン・カルタジャヤ, イワン・セティアワン 著, 恩藏直人 監訳, 藤井清美 訳 (2017)『コトラーのマーケティング4.0：スマートフォン時代の究極法則』朝日新聞出版。)

「山口絵理子の日々思うこと」。

　http://www.mother-house.jp/magazine/column/eriko/ (2019年4月)

「ZADAN」。

　　https://www.mother-house.jp/project/zadan/carbag.php（2019年4月）

「乳がん経験者用のショルダーストラップの開発」。

　　https://www.mother-house.jp/project/cocokara/cansol.php（2019年4月）

「Cocokara プロジェクト」。

　　https://www.mother-house.jp/project/cocokara/（2019年4月）

「ブラインドサッカー日本代表　オフィシャルバッグ」。

　　https://www.mother-house.jp/project/cocokara/blindsoccer/（2019年4月）

第3章

Kotler, P., H. Kartajaya and I. Setiawan（2010）*Marketing 3.0: From Products to Customers, to the Human Spirit,* John Wiley and Sons, Inc.（フィリップ・コトラー，ヘルマワン・カルタジャヤ，イワン・セティアワン 著，恩藏直人 監訳，藤井清美 訳（2010）『コトラーのマーケティング3.0：ソーシャル・メディア時代の新法則』朝日新聞出版社。）

後迫彰（2015）「イノベーションの事業化に関する一考察」『人工知能』30巻3号。

シナジーマーケティング（2018）「ソシエタスとは」，（インサイトボックス ホームページ）。

　　https://insightbox.com/societas/（2018年8月）

シナジーマーケティング（2018）「戦略を変える価値観マーケティング iNSIGHTBOX」（インサイトボックス ホームページ）。

　　https://insightbox.com/（2018年8月）

福本啓史（2015）「お客様の声を聞き，お客様を理解する顧客コミュニケーションの最適化」『リンナイ株式会社CMO Japan Summit 2015資料』。

リンナイ株式会社ホームページ。

　　https://www.rinnai.co.jp/（2018年8月）

リンナイ公式部品販売サイト R.STYLE（リンナイスタイル）。

　　https://www.rinnai-style.jp/（2018年8月）

第5章

Kotler, P., H. Kartajaya and I. Setiawan（2010）*Marketing 3.0: From Products to Customers, to the Human Spirit,* John Wiley and Sons, Inc.（フィリップ・コトラー，ヘルマワン・カルタジャヤ，イワン・セティアワン 著，恩藏直人 監訳，藤井清美 訳（2010）『コトラーのマーケティング3.0：ソーシャル・メディア時

代の新法則』朝日新聞出版。）

Kotler, P., H. Kartajaya and I. Setiawan（2017）*Marketing 4.0: Moving from Traditional to Digital*, John Wiley and Sons, Inc.（フィリップ・コトラー，ヘルマワン・カルタジャヤ，イワン・セティアワン 著，恩藏直人 監訳，藤井清美 訳（2017）『コトラーのマーケティング4.0：スマートフォン時代の究極法則』朝日新聞出版。）

新井範子，山川悟（2018）『応援される会社：熱いファンがつく仕組みづくり』光文社。

井手直行（2016）『ぷしゅ よなよなエールがお世話になります』東洋経済新報社。

稲垣聡（2018）「ファンベース戦略は「ファンクラブ運営」ではない！　強いブランドをつくるための2つのポイント」（アジェンダノート）。
https://agenda-note.com/brands/detail/id=415（2019年2月）

大内秀二郎（2018）「オンラインモール：人間味あふれるネット通販の場を提供する楽天」（崔相鐵・岸本徹也 編著『1からの流通システム』碩学舎，第15章）。

佐藤尚之（2018）『ファンベース：支持され，愛され，長く売れ続けるために』筑摩書房。

高橋遼（2018）『熱狂顧客戦略：「いいね」の先にある熱が伝わるマーケティング・コミュニケーション』翔泳社。

「ファンマーケティング資料」（ヤッホーブルーイング提供）。

ヤッホーブルーイング　コーポレートサイト。
https://yohobrewing.com/（2019年2月）

第6章

石原武政，竹村正明，細井謙一 編著（2018）『1からの流通論』（第2版）碩学舎。

薄井和夫，ジョン・ドーソン（2012）「ヨーロッパ家電小売業の競争構造」『社会科学論集』第137号。

大内秀二郎，髙橋愛典（2017）「家電流通におけるボランタリーチェーンの意義と展開」『商経学叢』第64巻第2号。

経済産業省（2010）『地域生活インフラを支える流通のあり方研究会報告書』。

経済産業省（2015）『買物弱者応援マニュアル（ver.3.0）』。

清水信年（2011）「小商圏の家電販売ビジネスを変える」『マーケティングジャーナル』第121号。

髙橋愛典（2016）「買い物弱者対策とまちづくり　連載第2回：コスモス・ベリーズの取り組み」『Voluntary Chain』第77号。

髙橋愛典（2017）「少子高齢化と買い物弱者対策」（塩見英治 監修，鳥居昭夫，岡田　啓，小熊仁 編著『自由化時代のネットワーク産業と社会資本』八千代出版，第17章）。

田口冬樹（2016）『体系流通論』（新版）白桃書房。

西村順二（2019）「ボランタリーチェーンがもたらす地域商業に対する有効性」『マーケティングジャーナル』第38巻第3号。

日本ボランタリーチェーン協会（2016）『創立50周年記念誌　これからのボランタリーチェーン』。

日本流通学会編（2006）『現代流通事典』白桃書房。

山田英夫（2015）『競争しない競争戦略』日本経済新聞出版社。

コスモス・ベリーズ㈱ウェブサイト。

　　https://www.berrys.co.jp（2019年1月）

第7章

江川恭太（2018）「デジタル時代の小売業　テクノロジーを駆使して本質的目的の追求を」『Harvard Business Review』。

楠木建（2010）『ストーリーとしての競争戦略―優れた戦略の条件』東洋経済新聞社。

滝本優枝，横山斉理（2012）「小売業の地域多様性はどれほど耐性があるか」『商学集志』第83巻1・2号合併号。

Duhigg, C.（2012）*The Power of Habit: Why We Do What We Do in Life and Business,* Random House.（チャールズ・デュヒッグ 著，渡会圭子 訳（2016）『習慣の力』講談社 。）

「コンピューターの本当の民主化がBotで起こる」（ビジネス+IT）2016年5月25日記事。

　　https://www.sbbit.jp/article/cont1/321799（2019年3月）

資生堂Optune 公式サイト。

　　https://www.shiseido.co.jp/optune/（2019年3月）

CISCO（2017）「小売業界におけるデジタル価値実現へのロードマップ経済分析2017」。

　　https://www.cisco.com/c/dam/global/ja_jp/solutions/industries/retail/digitalroadmap.pdf（2019年3月）

JUAS「企業IT動向調査2016」。

　　https://juas.or.jp/cms/media/2017/02/it16_ppt.pdf（2019年3月）

第8章

渥美俊一（2004）『チェーンストア経営の目的と現状』実務教育出版。

阿部真也（2009）『シリーズ・現代経済学⑧流通情報革命―リアルとバーチャルの多元市場』ミネルヴァ書房。

阿部真也，江上哲，吉村純一，大野哲明 編著（2016）『インターネットは流通と社会をどう変えたか』中央経済社。

石井淳蔵，向山雅夫 編著（2009）『シリーズ流通体系〈1〉小売業の業態革新』中央経済社。

謝憲文（2008）『流通構造と流通政策（増補版）』同文舘出版。

高橋秀雄（2012）『eコマース・ビジネス―その展開と動向』中央経済社。

Erisman, P.（2015）*Alibaba's World: How a Remarkable Chinese Company Is Changing the Face of Global Business,* Palgrave MacMillan Trade.（ポーター・エリスマン 著・黒輪篤嗣 訳（2015）『アリババ中国eコマース覇者の世界戦略』新潮社。）

矢作敏行（1996）『現代流通　理論とケースで学ぶ』有斐閣。

柳偉達（2018）「中国の小売業における電子商取引の発展について」近畿大学短大論集第51巻第1号。

公益財団法人流通経済研究所・渡辺達朗編（2013）『中国流通のダイナミズム−内需拡大期における内資系企業と外資系企業の競争』白桃書房。

王振，李偉，陸軍栄 等著（2015）『互聯網＋　新業態与新商業模式研究』上海社会科学院出版社。

任興洲，王微，王青 等著（2016）『"互聯網＋流通"：創新実践，成効与政策』中国発展出版社。

方興東，劉偉（2015）『阿里巴巴正伝：我们与馬雲的"一歩之遥"』江蘇鳳凰文芸出版社。

馬化騰 等著（2015）『互聯網＋：国家戦略行動路線図』中信出版集団。

第9章

Anderson, C.（2009）*Free: The Future of a Radical Price,* Hyperion（クリス・アンダーソン 著，高橋則明 訳（2009）『フリー〈無料〉からお金を生み出す新戦略』NHK出版。）

TripAdvisor（2017）Worldwide travel Path to Purchase 2017.
https://www.tripadvisor.com/TripAdvisorInsights/wp-content/uploads/2018/03/comScore-worldwide-Path-to-Purchase-2017.pdf（2019年4月）

TripAdvisor（2018）「トリップアドバイザーについて」。

    https://tripadvisor.mediaroom.com/jp-about-us（2019年4月）

TripAdvisor（2019）TripAdvisor Reports Fourth Quarter and Full Year 2018 Financial Results.

    http://ir.tripadvisor.com/static-files/1c1cf1e1-dbc0-4ada-a39b-c8f8ddf9a699（2019 年4月）

京都市観光局（2000）『京都市観光調査年報 平成12年』。

京都市観光局（2016）『京都観光総合調査 平成28年』。

日経BP（2015）「『トリップアドバイザー最適化』で宿泊客の85％が外国人になった スイスホテル南海大阪」『日経デジタルマーケティング』2015年3月号。

日経BP（2017）「トリバゴ旋風で再注目！ 旅行比較サイトを比較する！」『日経トレンディ』2017年11月号。

公益財団法人日本観光振興協会（2018）『平成29年度版 観光の実態と志向』。

公益財団法人ニッポンドットコム（2015）「外国人はなぜ伏見稲荷神社を“クール”と感じるのか」。

    https://www.nippon.com/ja/views/b03204/（2019年4月）

楽天トラベル トップページ。

    https://travel.rakuten.co.jp（2019年4月）

第10章

Baron, S., T. Conway, G. Warnaby（2010）*Relationship Marketing: A Consumer Experience Approach,* SAGE Publications Ltd.（スティーブ・バロン，トニー・コンウェイ，ギャリー・ワナビー著，田口尚史・庄司真人・菊池一夫・余漢爕訳（2012）『リレーションシップ・マーケティング―消費者経験アプローチ』同友館。）

Grönroos, C.（2007）*Service Management and Marketing: Customer Management in Service Competition, 3rd ed.,* Wiley,（クリスチャン・グルンルース 著，近藤宏一，蒲生智哉 訳（2013）『北欧型サービス志向のマネジメント―競争を生き抜くマーケティングの新潮流』ミネルヴァ書房。）

Grönroos, C.（1991）"The Marketing Strategy Continuum: Towards a Marketing Concept for the 1990s," *Management Decision,* 29.

Grönroos, C.（2004），"The Relationship Marketing Process: Communication, Interaction, Dialogue, Value," *Journal of Business & Industrial Marketing,* 19(2).

Gummesson, E.（2002），*Total Relationship Marketing,* 2nd ed.（エヴァート・グメソ

ン 著，若林靖永，太田真治，崔容熏，藤岡章子 訳（2007）『リレーションシップ・マーケティング』中央経済社。）

Morgan, R. M. and S. D. Hunt（1994），"The Commitment-Trust Theory of Relationship Marketing," *Journal of Marketing*, 58.

岡山武史 編著（2018）『リレーションシップ・マーケティング―サービス・インタラクション』五絃舎。

「RIZAPの挑戦　急成長を支えるデータ活用術」『日経コンピュータ』2018年3月15日号。

第11章

世耕石弘（2017）『近大革命』産経新聞出版局。

水越康介（2018）『ソーシャルメディア・マーケティング』日本経済新聞出版社。

旺文社教育情報センター（2018）「2018年度日本の大学データ」旺文社。

「近畿大がニュースまとめ「Kindai Picks」開設　リリース年間369本の広報力で志願者数トップ」『日経デジタルマーケティング』2015年12月号。

「近大の広告戦略，3年連続で志願者数トップに貢献」

『日経デザイン』2016年5月号。

文部科学省（2017）「高等教育局私学部私学行政課長説明資料」。

「「結果で恩返ししたい」近大職員に内定し，東京パラに向け躍進する一ノ瀬メイが見据える未来」（Kindai Picks）。

　　https://kindaipicks.com/article/001571（2019年4月）

「現役近大生が「リポビタンＤ」のラジオCMを制作！文系学部の産学連携プロジェクトとは」（Kindai Picks）。

　　https://kindaipicks.com/article/001621（2019年4月）

第12章

小国士朗（2017）『注文を間違える料理店』あさ出版。

小国士朗（2017）『注文を間違える料理店のつくりかた』方丈社。

二宮利治，清原裕，小原知之，米本孝二（2015）「日本における認知症の高齢者人口の将来推計に関する研究　総括・分担研究報告書」。

注文をまちがえる料理店　公式サイト。

　　http://www.mistakenorders.com/（2019年4月）

Run伴　公式サイト。

　　https://runtomo.org/（2019年4月）

READYFOR「注文をまちがえる料理店」プロジェクトページ。

　https://readyfor.jp/projects/ORDERMISTAKES（2019年4月）

第13章

小国士朗（2017）『注文を間違える料理店』あさ出版。

小国士朗（2017）『注文を間違える料理店のつくりかた』方丈社。

総務省（2016）『IoT時代における新たなICTへの各国ユーザーの意識の分析等に関する調査研究』

「READYFOR株式会社 代表取締役CEO米良はるかさん」（ひろしまスターターズ）。

　https://hiroshima-starters.com/life/special_readyfor.html（2019年4月）

READYFOR「注文をまちがえる料理店」プロジェクトページ。

　https://readyfor.jp/projects/ORDERMISTAKES（2019年4月）

人名・企業名・商品名等索引

事項索引

●執筆者紹介（執筆順）

田端　昌平（たばた　しょうへい）　　　　　　　　　　　　　序章
　　神戸国際大学　経済学部　教授. 近畿大学　名誉教授

廣田　章光（ひろた　あきみつ）　　　　　第1・11・12・13章, 編集
　　近畿大学　経営学部　商学科　教授

玉置　　了（たまき　さとる）　　　　　　　　　第2・4章, 編集
　　近畿大学　経営学部　商学科　准教授

川村　洋次（かわむら　ようじ）　　　　　　　　　　　　第3章
　　近畿大学　経営学部　経営学科　教授

大内秀二郎（おおうち　しゅうじろう）　　　　　第5・6章, 編集
　　近畿大学　経営学部　商学科　准教授

髙橋　愛典（たかはし　よしのり）　　　　　　　　　　　第6章
　　近畿大学　経営学部　商学科　教授

滝本　優枝（たきもと　まさえ）　　　　　　　　　　　　第7章
　　近畿大学　経営学部　商学科　准教授

柳　　偉達（りゅう　いたつ）　　　　　　　　　　　　　第8章
　　近畿大学　短期大学部　商経科　准教授

名渕　浩史（なぶち　ひろし）　　　　　　　　　　　　　第9章
　　近畿大学　経営学部　商学科　准教授

岡山　武史（おかやま　たけし）　　　　　　　　　　　第10章
　　近畿大学　経営学部　商学科　准教授

〈編著者紹介〉

廣田　章光（ひろた　あきみつ）

近畿大学　経営学部　商学科　教授。博士（商学）。
神戸大学大学院　経営学研究科　博士課程修了。専攻は，マーケティング論，製品イノベーション論，デザイン思考。
主要業績：『1からのマーケティング・デザイン』（共編著，碩学舎），『1からのマーケティング』（共編著，碩学舎），『中小企業マーケティングの構図』（共編著，同文舘出版），『大塚正富のヒット塾　ゼロを100に』（共著，日本経済新聞出版社）など。

大内　秀二郎（おおうち　しゅうじろう）

近畿大学　経営学部　商学科　准教授。博士（経済学）。
京都大学大学院　経済学研究科　博士後期課程学修認定。専攻は，マーケティング論，流通論，マーケティング史。
主要業績：『マーケティング学説史：アメリカ編Ⅱ』（分担執筆，同文舘出版），『1からの流通システム』（分担執筆，碩学舎），『広告コミュニケーション研究ハンドブック』（分担執筆，有斐閣）など。

玉置　了（たまき　さとる）

近畿大学　経営学部　商学科　准教授。博士（経済学）。
京都大学大学院　経済学研究科　博士後期課程修了。専攻は，消費者行動論，マーケティング論。
主要業績：「共感と信頼が顧客のサービス担当者に対する支援意識に及ぼす影響」，『流通研究』（日本商業学会）第21巻・第2号，「倫理的消費におけるアイデンティティ形成意識と節約意識の影響」，『流通研究』（日本商業学会）第16巻・第3号など。

デジタル社会のマーケティング

2019年10月1日　第1版第1刷発行
2021年10月10日　第1版第3刷発行

編著者	廣　田　章　光
	大　内　秀二郎
	玉　置　　了
発行者	山　本　　継
発行所	㈱中央経済社
発売元	㈱中央経済グループパブリッシング

〒101-0051　東京都千代田区神田神保町1-31-2
電話　03（3293）3371（編集代表）
　　　03（3293）3381（営業代表）
https://www.chuokeizai.co.jp

Ⓒ 2019
Printed in Japan

印刷／三英印刷㈱
製本／誠製本㈱

＊頁の「欠落」や「順序違い」などがありましたらお取り替えいたしますので発売元までご送付ください。（送料小社負担）

ISBN978-4-502-31781-1　C3034